消息后，我同泰科公司联系，希望引进这项技术。但因为这项技术尚处在研发阶段，泰科公司颇显为难，但经过我们坚持不懈的交涉，对方终于同意提供技术。

我向行业内众多企业发出呼吁，于1975年成立了日本太阳能株式会社（JSEC）。该公司由京瓷、夏普、松下电器、美国的美孚石油公司和泰科实验公司5家共同出资，京瓷是最大股东，占51%的股份。当时太阳能电池的成本为每瓦2万日元~3万日元，极其昂贵，只限于宇宙开发、孤岛灯塔等特殊用途。要普及一般用户，面临的最大课题，就是必须把成本降到1%以下。

我们集结研究人员，在京瓷总部开始了研发工作。由于场地狭窄，我们在京都伏见的东土川建造了专用办公楼，完善了研发体制。我经常忙里偷闲，拎着威士忌去看望技术人员。同他们一起喝酒，我激励说："你们是不是目不转睛、死死盯着硅结晶的生成过程？大家的汗水要变成蒸气，升到天花板，然后再变成水滴掉下来。热情不达到这种程度，这项开发不可能成功。"

一年半后，批量生产的提拉装置终于开发了出来，

能够提拉出10米以上的带状单晶硅。1979年，受日本电气委托，我们在南美秘鲁的大山里安装了8千瓦的太阳能电池，用作微波中转站的电源。虽然技术是有了进步，但是，关键的制造成本却怎么也降不下来。提取带状结晶太耗时，生产效率低，结晶表面有波状物，总之成品率很低。因此，JSEC持续亏本。与此同时，石油危机的负面影响已经减少，石油供应趋于稳定，社会对太阳能电池的关注急剧下降。京瓷以外的4家公司逐渐失去了积极性，相继退出JSEC。我早已立下志向，一定要将太阳能发电实用化，让其成为新的替代性能源，所以不会因为碰到些许困难就萌生退意。于是，我收购了其他公司的所有股权，独自继续推进太阳能事业。

1980年，京瓷在滋贺蒲生工厂的附近开设了八日市工厂。在这座新工厂里，我们必须千方百计大幅降低太阳能电池的生产成本。但是，以往开发的EFG法，降低成本已达极限。就在这时，我得知，德国瓦克公司正在制造多晶硅，使用的制造方法被称为铸造法——把熔化的硅放到铸模中，冷却成铸块，然后把它切割成薄板。比起EFG法，这种铸造法虽然光电转

换率差些，但效率高，成本低。在对今后的技术动向、投资效率、项目开展等等进行彻底的模拟分析后，我决定把太阳能电池的制作方法从 EFG 法转变为铸造法。由于这一决策，京瓷太阳能电池的成本大幅降低，为太阳能电池的普及做出了很大的贡献。

另一方面，我做出指示："只生产太阳能电池而没有销售，就无法商业化。所以，还要接二连三开发出太阳能电池的应用商品。"首先，京瓷率先开发出了太阳能路灯，安装在京都的贺茂川河边及岚山公园等地方。目的是让普通市民了解太阳能发电。然后，我们又向市场推出了地板新风系统、自动发光道路标识、驱虫灭蚊灯等商品，也为索尼公司的随身听提供电源组件。最近，许多住宅都使用了我们的光伏发电系统，既清洁又节能，这一系统得到广泛普及。可以说，京瓷太阳能事业的历史，也是应用商品的开拓史。

照射到地球上的太阳光，不仅能通过太阳能电池转换成电能，同时也给地球带来了巨大的热量。为了有效利用这种热量，我们决定开发家用太阳能热水器，面向一般家庭销售。从那以后，京瓷的太阳能事业就沿两条主线展开：太阳能电池的普及以及太阳热能的

利用。

世界上还有很多地方至今没有通电，为了让这样的村落里的居民过上现代化的生活，我们捐赠了太阳能村落发电系统。我亲赴巴基斯坦的康扣伊村、中国的甘肃省，出席了当地的捐赠仪式。我们受到了当地人们的热烈欢迎和盛情款待。依靠太阳能发电，当地人晚上能够用上电灯，可以听收音机，生活变得更加丰富多彩。此外，我们还通过 ODA（政府开发援助），为亚洲、大洋洲、非洲、南美洲等地的无电地区提高生活质量做出了贡献。

全球变暖是人类面临的紧要课题，在拥挤的地球上，不应该再继续燃烧石化燃料，继续增加二氧化碳的排放了。为此，就必须普及这种环保的清洁能源。迄今为止，京瓷已经投入了数百亿日元的开发经费，确立了在这个领域的领先地位。但是，太阳能电池的生产规模不过一年 6 万千瓦。我发自内心祈愿，太阳能电池飞跃性地普及整个地球。今后，在资源、能源日益枯竭的 21 世纪，这项事业的社会意义必将越来越大，发展前景令人神往。

在从中小企业向大企业发展的过程中，既要稳定，

又要成长，在这个过程中，“多元化不可或缺”。这句话说起来容易做起来难。上面谈及的 4 个多元化事业，都是我们这个缺乏经营资源的公司，运用自己擅长的陶瓷结晶技术，开展成功的。作为带头人，我冲在第一线，付出了大量的时间和精力，员工也拼命紧跟着我。正是因为这样，所有项目才能持续发展，为公司业绩稳定做出了贡献。

前往苏联

1975 年（昭和五十年），京都陶瓷的股价达到日本第一，到了 1976 年继续上涨。加之证券公司的劝说，我准备在美国证券市场发行股票，并于当年 1 月发行了美国预托证券（ADR）。ADR 是外国企业在美国进行股票交易时所发行的证券，原始股由银行托管。1963 年东京海上火灾保险曾发行过美国预托证券，这次是时隔 13 年后首家发行的日本企业。因为京瓷是中型企业，总资本只有 10 亿日元，这成了大家热议的话题。

认购价格确定为 23 美元，并得到了美国证券交易委员会（SEC）的正式批准。1976 年 1 月 29 日，我们举办了庆祝酒会，按照日本时间已是 1 月 30 日，正好是我 44 岁生日。从承销商美林证券总部的大楼高层，

俯瞰夕阳余晖下的纽约夜景，席间，我接受来自全员的生日祝福以及纪念品。想起赤手空拳创办企业，一路走到今天的历程，我心中感慨万千。

怀着激动的心情，我上台致辞：“经营公司如同创作艺术品。在一片空白的画布上，发挥想象力，描绘美丽的画卷。今天我把自己的艺术作品——京瓷拿到世界中心纽约来展出，究竟会得到怎样的评价呢？我心中充满着期待与不安。非常幸运，股票即日销售一空。在兴奋之余，我想，由一个无名青年以一片赤诚之心打造的公司，作为一家国际性企业，终于被社会认可了。

“这么值得纪念的日子，居然与我的生日重合。茫茫世界也恐怕就我一人吧。我感谢把我带到世上的父母。同时，这份喜悦，如何向我的妻子表述，我甚至感到有点迷茫。”同样得到海外肯定的事情，还有一件我无法忘记，那就是对苏联的成套设备出口。那是1962年，公司创立的第4年，苏联的政府要人通过商社介绍，向我提出了参观工厂的要求。

第二年，苏联代表不断来访，提出要购买价值数十亿日元的陶瓷制造设备。但是，关键的谈判却毫无

进展，不知什么时候就没了下文。这桩已经被遗忘的议案，突然复活，是在 1974 年。受到订购方苏联外贸部全苏工业技术公团的邀请，我多次访问了莫斯科。

可是一进入合同谈判阶段，就进展缓慢。苏方事先拟定好了合同文本，希望我立即在上面签字。苏方的合同原稿里罗列了各种条款，包括转让技术的范围、价格、工厂建设条件、支付条件、交付日期、要求达到的生产效率、成品率等等，所有的条款全都是对苏联有利的内容。

我说："这样的内容，我不能签字。"这一项要删除，那一项要修订，我用红笔画出，几乎所有的条款，我都要求修改。这样一来，对方勃然大怒："这是苏联政府的法律专家制定的合同范本。如果不按这个签订，就无法成交。你是蔑视我们的法律专家吗？"我也不甘示弱："坚持只对单方有利的霸王条款，我不可能把技术和设备卖给你们，到此为止吧！"我拍着桌子离开了座位。

但是，到了晚上，政府要人打来电话请我吃饭，并说："这是外交礼仪，请务必出席。"我去之后，对方又说："看在我的面子上，请你一定出席明天上午的

谈判。”第二天去后，对方依然是高压的态度，谈判再次陷入僵局。但是无论白天如何吵得不可开交，晚上还是把酒言欢。价格不菲、在日本也不敢出手购买的鱼子酱，整盘端上来，还有一道一道上不完的菜肴，宴会持续到深夜。酒有伏特加、乌克兰的白兰地，排成一排，味道真不错。话虽这么说，但白天紧张的谈判已让我们疲惫不堪，一喝高度烈酒，马上就醉，经常是热菜还没上，人就醉倒下了。之后听说，在我们踉踉跄跄回到酒店之后，苏方人员仍然意犹未尽，一直喧闹到天明。

苏方软硬兼施，谈判持续多日。我实在耐不住了，对苏方代表说：“如果不把我的意见当回事，我就不打算出口设备了。让我明天回日本吧。”当时，飞回日本的手续，必须委托苏方办理。我一说要走，对方就推说没航班，不让我轻易回国。在苏方看来，京瓷的技术势在必得，所以听说我要回国，他们就用各种手段把我留住。

这种做法，与其说是商务交易，倒不如说是外交谈判。通过拉锯战使对方焦躁不安，再以怀柔策略抚慰之。虽苦于应付苏方的高超谈判技巧，但我也很倔

强，坚决不妥协。不久我就看破了他们的花招，一点一点诱导他们做出让步。我们牺牲晚上的休息时间，整理白天谈判改动的条款，为第二天的谈判做好准备。这样的谈判持续了两周，苏方在对峙中败下阵来，同意对合同进行大幅修改。最后，他们这样说："好吧！明白了。但是，能让我们做出如此大幅修改的，你是第一个，所以这份合同的内容，决不能让任何第三者看到。"

合同的内容反映了我的主张。销售总额为 51 亿日元，其中 14 亿是技术转让费。苏方没有技术转让费这一概念。所以一开始他们不认可："我们不想付这个钱，你们不是卖机器获利吗？"我斩钉截铁地回答说："这才是我们汗水与泪水的结晶。如果你们不认同，我们就对不起自己的员工。"从对方的立场看，社长说对不起员工，这种心情本身就无法理解。但是我坚持到底："如果这点不同意，就终止谈判。"

当时京瓷的销售额大概是 200 亿日元，税前利润是 60 亿日元。这一次交易获得的销售额和技术转让费十分难得。正如前文所述，受到第一次石油危机的影响，这一年业绩大幅下滑。而这次设备出口的成果正

好弥补了业绩的下滑。

1976 年秋，中山孝司一行 11 人的团队从日本出发，目的地是莫斯科以东 600 公里的马里埃尔自治共和国的约什卡尔奥拉市。他们是来到这里的第一批日本人。约什卡尔奥拉市是酷寒之地，冬天气温下降到零下 20℃，甚至零下 30℃。在市郊有一片白桦林，夏天那里是豹脚蚊的天下。

当地工厂有 200 多人，其中 10 人提前在鹿儿岛的川内工厂参加了实习。当时我命令部下："他们没有多少出差补贴，你们一定要好好照顾他们，让他们有宾至如归的感觉。"我知道，当时即使是苏联的干部来日本出差，也只能在宾馆里吃黑面包和罐头等粗食。苏联实习人员没有见过海，没有游过泳，川内工厂的员工们就把他们带到附近的海水浴场游玩，平时热心照顾他们，与他们建立了友好关系。

实习结束，在苏联的生产也开始了，但是大部分工人没有多层封装的制造经验。虽然对生产线的组装进行了指导，可总是烧制不出满意的产品。不是充入电子炉内的氮气纯度过低，就是电镀工序中使用的水不达标。要求他们改进，反应却很迟缓，做什么都要

耗费时间，且进展缓慢。虽然预料到了不可能像在日本那样顺利，但艰难的程度还是远远超出预想，大家都开始焦躁起来。

派到苏联去的这批日本员工根本不知道何时才能回国，他们住在市中心的一家名叫“德鲁究巴”的宾馆，意思是“友爱”。但是面对每天的生活现实，“友爱”这个词却显得十分空虚。天寒地冻，加上难懂的俄语、难咽的食物，在出发之前，他们虽然已经对严酷条件有所准备，但我还是很担心这批派遣员工。其实在出口运送成套设备时，我特地为他们悄悄地装入了大米、味噌、酱油等，避免海关对随身物品的限制。

这 11 名成员，从清晨到深夜，如同拉马车的马一样，在工厂里忙碌不停。看到日本员工这种工作劲头，当地的员工起初很是吃惊，慢慢就开始信任他们。有一次，由于实在无法完成计划，日本人要求当地员工周六加班，结果引起一群已婚女性集结前来抗议：“哪怕周五干个通宵，周六也要让我们休息。”原来苏联都是双职工，周六托儿所放假，于是我们从此取消了所有的周六出勤。

在我的提议下，为向当地员工的合作表示感谢，

我们在运送机械设备以及消耗品时，会在里头塞进一些小礼物。例如圆珠笔、口香糖、指甲剪、日历等日用品。其中最受青睐的是连裤袜。在当时的苏联，连裤袜是紧俏商品，因为工厂里绝大多数是19岁到25岁的年轻女性，连裤袜大受欢迎。真是所谓“与其许以股权，不如许以裤袜”（“股权”和“裤袜”在英文中用词类似。——译者注）。

可能是这种贴心的行为打动了对方的心吧！不知不觉中，当地的员工成了与我们拥有共同目标的同志。原本在苏联是没有加班制度的。只要时间一到，工人们立即停工回家。但是，在我们这个工厂，只要工作需要，大家都愿意留下来加班。这让约什卡尔奥拉市其他工厂的干部十分惊讶：“为什么那家工厂的工人会留下来工作呢？”由于当地员工的努力，一个个技术难题被相继攻克，在工厂交付给苏方时，生产已经完全稳定。

这套拥有年产3500万个陶瓷封装生产能力的设备，一次性验收合格，无事故、无投诉。1977年4月，我参加了移交仪式的剪彩活动，公司第一项设备出口业务圆满完成。

一心助人

1979年（昭和四十五年），公司创立20周年，这一年是京瓷的转折之年。因为Trident和莎博（Cybernet）两家公司都成了京瓷集团的一员，奠定了公司日后信息通信设备事业的技术基础。

Trident的前身是Systec公司，曾经依靠生产计算器和收款机迅速崛起。后来海外计算器市场急剧下滑，导致经营恶化，尔后改名为Trident，力图东山再起。后经夏普公司佐佐木正氏（后担任该公司副社长）的介绍，拜托我们“设法救救它”，经过深思熟虑后，我决定让其加入京瓷集团。

之后不久，经富士通出身的本公司常务董事古桥隆之的介绍，同是富士通出身的莎博公司的社长友纳春树（后担任京瓷副社长）访问了京瓷。莎博公司生

产车载无线电对讲机，依靠对美国的出口取得了飞跃发展，年销售额一度超过1000亿日元，从业人员达到2600人。但因美国对讲机规格发生变化，经营陷入困境，前来向我求援。

在那之前，对京瓷而言，电子机器等终端产品的制造，是未知的领域。与之前的多元化不同，此次正式参与的电子设备领域，并非是我擅长的陶瓷技术的延伸，而是一个完全不同的行业。要重建一家已经摇摇欲坠的公司，谈何容易。公司直面破产，友纳社长恳求我设法拯救他的员工，他的真诚打动了我。于是，我把以友纳社长为首的10名骨干邀请到京瓷总部。在五楼的日式房间准备了酒水和火锅，“这在京瓷被称为空巴，就是恳亲会，大家一起喝酒，敞开心扉，说出自己想说的话，不管什么问题都可以问，不必客气。我也有话要请教诸位。”听我这么讲，莎博的几位干部因为紧张和不安而僵硬的身体放松了下来，敞开了胸襟畅谈。

在气氛愈发高涨时，我做出了决定，公开宣言：“通过和大家亲切交谈，我看到莎博人才济济，我相信大家能与我们共同奋斗。在这里，就让我们联姻吧！”

两家公司要联姻，就意味着即便有缺点，但既然走到一起，就要互相帮助，共创繁荣。然而，要实现这一条，道路还很漫长。那时对讲机已经没有订单，作为一家后起厂家，莎博只能生产些许音响设备，亏损非常严重。

更令人吃惊的是，莎博内部还存在激进的工会，他们经常以莫名其妙的理由组织罢工。因为我坚决拒绝他们的无理要求，工会成员竟然来到京都的公司总部以及我家周围，诽谤中伤我。他们在附近的墙壁和电线杆上张贴控诉“黑心老板”的传单，还驾驶街头宣传车，在京都繁华街道上毁谤我。对于前来求助的人，我不能见死不救，于是决心伸出援手。然而，对于我们的善举，连报纸杂志上都恶意报道，让我的家人和员工颜面无光。即便如此，我坚信支援莎博、救助员工，是利他的行为，就凭这一信念，我坚持了下来。为了重整凋敝的企业，我首先派去京瓷干部，1980 年，我把 Trident 的业务也整合进了莎博。

1982 年，为了有机整合集团内部的技术，开发新技术、新产品，提高经营效率，京瓷兼并了莎博工业株式会社、Cybernet Vert 株式会社、日本 Cast 株式会社、

新型医疗株式会社四家公司，并借此机会，把公司名称由“京都陶瓷”更名为“京瓷”，实际上，当时社会上已经把公司简称为京瓷了。

通过集团力量的整合，公司在设备事业领域开发了几种划时代的新产品。比如信息设备方面，诞生了掌上电脑、激光打印机，特别是公司开发的搭载着非晶硅硒鼓的生态打印机，是无须更换感光鼓和粉盒的打印机，它作为环保打印机，在全球各地被广泛使用。另外，在通信设备方面，我们也研发出了无绳电话、DDI 适配器、手机、PHS 等产品群。

如果去参观生产信息通信设备的工厂，就会发现当初在莎博工作的员工，现在已经作为干部活跃在各个部门。在合并时，我并没有预料到他们的技术会给京瓷带来好处。但现在，这些技术应用于京瓷的信息设备领域，为集团的业绩提升做出了贡献。自古就有“帮人也是帮己”这句话，20 年后的今天，我才深深地体会到这句话的含义。

接下来，京瓷与雅西卡（YASHICA）公司的合并反响巨大，因为雅西卡曾是相机行业的名门企业。雅西卡公司创立于 1949 年，当时名叫八洲精机，推出过

全球首台电子照相机“YASHICA ELECTRO 35”，掀起了热销狂潮。1982 年财年销售额达 226 亿日元。但受到石油危机后的经济萧条以及日元升值的影响，经营状况恶化，背负了巨额债务。1983 年年初，经由在收购莎博过程中认识的一位朋友介绍，雅西卡公司的远藤良三社长（后担任京瓷副社长）前来请求我：“公司快要倒闭了，请设法救救我们吧！”

因为行业差异实在太大，所以对方提出请求时，我非常犹豫。但在对方再三请求之下，我参观了雅西卡位于东京的总部和位于长野县的冈谷工厂。无论是那里研究所的技术员，还是生产线上的工人，他们专注工作的神情打动了我。

举棋不定之际，我又去请教了京都八幡圆福寺的西片担雪法师。我说有点踌躇是否该出手帮助雅西卡，法师鼓励我说：“人有一种称作‘势’的东西。现在，京瓷也好，稻盛君你也好，势头正盛。这时候，还能帮助别人，这不是挺好的事吗？”回鹿儿岛时，我向父亲也提起了这件事，父亲表示反对：“自己的公司都忙不过来，还操心别人，会累死你的！”但那时，我心意已决。

援助雅西卡，方法之一是出钱持有它一定数量的股票。但若要真心相助，就必须将我们自己逼入背水一战的境地，切断自己的退路。于是，我向远藤社长提议："如果你有意与我联姻，那就这么办。"有舆论说："稻盛这个人太蛮横，雅西卡并无此意，是他强行逼迫。"但在我看来，既然要帮助别人，最人性化的做法，就是要关照到他们的各个方面。

与雅西卡合并后，我竭尽全力复兴相机事业。为了扩大销售，将国内品牌由"YASHICA"更名为"KYOCERA"，努力扩大销路。还推出了畅销产品"SAMURAI"。另外，雅西卡曾与德国的卡尔蔡司公司合作，出品了顶级相机康泰克斯。为了提升这一顶级品牌的传统优势，我们不断开发康泰克斯系列新产品，使之成为相机事业的基轴。

在严酷的过度竞争中，事业重建困难重重。但是，无论多么艰难，我们决不裁员。这些受到保护的员工，在此后第二电电（现在的 KDDI）的创业等新事业中，发挥了重大的作用。

以往京瓷所开展的多元化，如果用围棋做比喻，就是在本方阵营附近走一手"小飞挂角"，而合并莎博

与雅西卡，就好比在远离本方阵营地落一颗“飞子”。因为是一颗孤零零的“飞子”，周围没有同伴，稍不留神，就会被对方吃掉。虽然这是一着险棋，但如果能死守这颗子，最终它就能与本方阵营连成一片，存活下来。抱着这样一种理念，经历千辛万苦之后，终于使这些事业步入了正轨。

有人认为京瓷是依靠积极的 M&A（企业的合并、收购）来实现事业的扩张。但事实上，不管在什么情况下，我都未曾主动地去展开并购。我的想法很单纯，因为受人所托，所以努力想去帮助对方的员工。而且，我十分珍视这种相遇的缘分，仅此而已。当然，作为企业的最高经营责任人，我并不感情用事，而是在看清对方企业领导人的人品、公司的风气，对合并后的影响等多方因素深思熟虑之后才做的决定。

无论合并后的哪家公司，在重建过程中，都伴随了难以言表的辛苦。但是我相信，出手帮助对方企业的员工，这是善举，并且都坚持到最后。正因如此，我才取得了圆满的结果。

祈愿人类的美好未来

1981年（昭和五十六年），我接到将被授予“伴纪念奖”的通知。这是东京理科大学的伴五纪教授设立的一个奖项，目的是表彰在技术开发方面做出贡献的人士。获奖当天，我喜滋滋地领取了这一奖项，但又为自己感到羞愧。

京瓷股票上市后，出乎意料，我拥有了相当的资产。从那之后，我就开始思考，我认为这些财富并不归我自己所有，而是社会委托我保管的。伴教授用自己的专利费收入设立了奖项，而我作为企业家，不应该是奖项的领受者，而应该成为授予者。“为社会为世人尽力”是我的人生观，从这一点出发，我意识到，现在是我应该回报社会的时候了。

那时，我与关系亲密的京都大学矢野教授谈起

“伴纪念奖”一事。与矢野先生初识，是在“天城会议”上，那是时任日本IBM社长的椎名武雄先生在伊豆天城组织的论坛。三四十名学者、经济界人士、作家等，齐聚在IBM的天城研修所，并在此住宿，就某个特定的主题展开讨论。因为目的是彻底的自由讨论，所以不做会议记录，当然也不对外发布。每年都确定一个议题。不知道从哪届起，椎名先生开始邀请我参会。这个会议给了我许多启示。而会议中最活跃的意见领袖便是矢野先生，加上都是来自京都，我们两人很快就意气投合，此后还常常会面。后来他提议：“在京都也有一个自由讨论的平台就好了。稻盛先生，经济界人士能否给予支持呢？”我深以为是，欣然应允。矢野先生邀请京都大学的学者，我挑选经济界人士，定期举办“京都会议”，让智慧碰撞，促进彼此的思想交流。

会议议长由哲学家田中美知太郎担任，成员有藤泽令夫、冈本道雄、福井谦一、广中平祐、伊谷纯一郎、佐藤文隆、河合隼雄等，每3个月左右在祇园的茶屋聚会一次。大家跳出各自的专业领域，寻求人类必需的新哲学、新睿智，展开热烈讨论，这一活动延

续至今。

因为这些活动，矢野先生成了我的知己。听说我想设立表彰事业，矢野说："那好啊。但既然要办，就要办成像诺贝尔奖一样的世界性奖项。"另外，我又与京瓷的森山信吾副社长商量："为了回报社会，我想设立财团，设置一个世界性的奖项，但我才 50 岁出头，是不是太早啊？"他鼓励我说："善事不宜迟，建立财团的事就交给我办吧。"

就这样，1984 年我成立了财团法人稻盛财团，决定创设"京都奖"。创设"京都奖"有两个理由：

其一是前文提到的我的人生观："为世人、为社会做贡献是人最高贵的行为。"遵循这一人生观，我希望回报一直培育我成长的人类和世界。

其二，对于那些默默无闻、辛勤耕耘的研究人员来说，能让他们由衷喜悦的奖项实在太少了。许多优秀的研究人员倾其一生，不为人知，沉浸在朴实无华的研究中。我希望通过对这些人的表彰，更加激发他们的研究热情。

有资格获得"京都奖"的人，必须为人谦逊，付出成倍于常人的努力，精于一业达至极致，有自知之

明，因而对伟大事物怀抱虔敬之心。此外，必须是对世界文明、对科学、对精神的深化做出过重大贡献的人。

我邀请濑岛龙三先生（伊藤忠商事特别顾问）当财团的会长。作为财团的基金，我捐出了自己在京瓷所持的股份及现金约200亿日元（之后又追加，现在财团财产大约640亿日元）。

奖项分为尖端技术、基础科学、精神科学·表现艺术（现在称为思想·艺术）三大类。奖金和诺贝尔奖相近，每个类别4500万日元（现在为5000万日元）。我认为，只有科学技术和精神文明两者平衡发展，人类才有未来。但是，相比于科学的快速发展，精神方面的研究大为滞后。事物必有阴阳、明暗、正负两个世界。只要把两方面的平衡搞明白，只要两方面平衡发展，就能够带来整体的稳定。

自1985年首次颁奖以来，每年都举办。第一届尖端技术奖颁给了佛罗里达大学教授、“系统论”的创始人鲁道夫·卡尔曼，基础科学奖得主是麻省理工学院教授、“信息论”的创始人克劳德·香农，精神科学·表现艺术奖由现代音乐巨匠、法国作曲家奥利维

埃·梅西昂获得。这样的评审结果，促使“京都奖”被公认为世界性的奖项。

此外，京都奖还向诺贝尔基金会颁发了特别奖。诺贝尔基金会通过其表彰活动，对20世纪科学和文化的进步做出了重大贡献，所以我建议要赞扬其功绩。诺贝尔基金会的相关人士非常高兴，瑞典王国西尔维娅王妃陛下、斯耐·贝尔依斯特罗姆理事长、史蒂夫·拉美尔专务理事以及诺贝尔奖六大奖项的评委会主席都出席了京都奖颁奖典礼。据说，诺贝尔奖的评委们同时出席国外活动，尚属首次。

典礼定在每年的11月10日，在国立京都国际会馆举行，三笠宫崇仁亲王殿下携王妃殿下（后为高圆宫殿下携王妃殿下）亲临颁奖现场。

颁奖仪式获得的评价是：庄严而华美。通过幻灯片和解说词介绍获奖者简历，诺贝尔基金会的各位对这种方式大加赞赏。京都市交响乐团演奏庆典序曲、庆贺能乐的表演、儿童合唱团的获奖赞歌，这些助兴节目精彩纷纭，令在场嘉宾赏心悦目。诺贝尔基金会的客人们表示，他们从典礼中获得了许多启示。在晚餐会上，还请来代表京都特色的艺伎做了拍木表演。

评审委员会由福井谦一、冈本道雄、井村裕夫、广中平祐、西冢泰美、藤泽令夫、高阶秀尔先生等50余人组成。候选人由国内外有识之士推荐，经过各奖项专门委员会、评审委员会、京都奖委员会三个评审阶段，对候选人的论文、业绩进行严格公正的审查。也有人质疑，既然是国际性的奖项，评审委员都是日本人是否妥当。这就要求日本评审方具备更高的国际化眼光。“没有比这项工作更需要才智和挑战精神的了。”听到一位审查委员如此感慨，我感到自己的愿望正在慢慢变成现实。

第一届颁奖典礼结束后的翌年，我出差时，偶然看到《东京新闻》上的一篇专栏文章，题为《京都奖》，作者是森繁久弥先生。里面有这样一句话：“这样花钱才叫人神清气爽，我们艺人也应如此。”我觉得他是最理解我的人，我马上决定，从下次典礼开始，给他送去请柬，虽然他与我素不相识，但他每次都专程赶来参加，令我感激不尽。后来，西乡辉彦、栗原小卷等许多演艺界人士也都应邀出席。

目前京都奖获奖者已超过50名，他们给我留下了深刻的印象。电影导演安杰依·瓦伊达用这项奖金

在其祖国波兰建立了日本美术中心。美国的生物学者丹尼尔·詹森把奖金全额捐给了热带雨林的保护基金。美国的海洋学者瓦尔特·蒙克把奖金全部捐赠给了加利福尼亚大学斯克利普斯海洋研究所，并设立了“京都蒙克基金”。

前些年，我有机会到蒙克家做客，他告诉我，他年轻时研究经费非常拮据，所以希望让年轻的科学家和学生能用上这些钱。捐出这些研究经费时，他对现任的研究所所长这么说：“希望这笔钱用来鼓励那些无人敢想、常人认为无法实现的崭新创意。至于具体如何使用，请所长您来决定。”现在，我和蒙克先生都在期待，会有什么样的崭新创意诞生。

宇宙物理学家林忠四郎捐赠奖金，在京都大学设立了“林基金”，用于学生的奖学金。美国的计算机科学家唐纳德·克努特只留下一家人前来领奖所花的旅费，其余全都捐赠给了加利福尼亚圣克拉拉的地方基金会。

一份善意孕育出了新的善意，善意的连锁反应出乎我的意料。

逆境中斗志昂扬

“自京瓷创立以来，累积下来的自有资金有 1500 亿日元，请让我使用其中的 1000 亿日元。”在通信开始自由化的 1983 年（昭和五十八年），我征得董事会同意后，决定进军电信行业。人们说这是莽撞的挑战。

1982 年，在第二次临时行政调查会，即所谓的“土光临调”上，提出了将日本国有铁路、日本专卖公社、电电公社（日本电信电话公社）进行拆分，使其民营化的方针。电信行业的垄断体制就此打破，这可谓是百年一遇的良机。

从国际角度看，日本的通信费用也是非常之高的。我很早就在北美开展业务，对此深有感触。有一年，我出差到美国西海岸圣地亚哥的分公司。在那里，看到有营销人员频繁向东海岸打长途电话，我担心电话

费过高，提醒他注意。于是这个员工拿来了一个月的话费明细单，我惊奇地发现，这里的长途电话费比日本便宜太多了。这促使我思考，同样是打电话，为什么日本就那么贵呢？

借着电信自由化的东风，我期待代表财界的大企业组成联盟挺身而出，但却没有一家企业愿意举手参与。我想既然如此，干脆由我来报名参加吧，但这一次的风险实在太大了。

在电电公社民营化开始时，它是一家年销售额4万亿日元、员工人数33万的超大型寡头企业，从明治维新以来，其通信基础设施已经遍布全国各个角落。相比之下，京瓷虽然发展迅猛，但销售额只有2200亿日元，公司员工不过11000人，好比大象面前的蚂蚁。而且，通信行业远离京瓷的主业。而我自己的专业是化学，对通信技术的相关知识一窍不通。突然要向庞然大物电电公社发起挑战，简直就像堂吉诃德手握长矛向风车挑战一样。

虽然我有点不自量力，但现有的大企业会从正面挑战电电公社吗？会为了降低长途电话费用而不惜粉身碎骨吗？我心存疑虑。我认为，倒不如像我这样的

风险企业的经营者，自告奋勇，以果敢的挑战精神，投入这项新兴事业。

正在这时，京都商工会议所举办了一场以数字网络为主题的讲座，演讲者是电电公社的技术专家千本倖生（后担任京瓷常务理事、第二电电副社长）。会后我们两人见面交谈，彼此意气相投，他马上加入了京瓷。千本立即私下召集电电公社和民间的年轻有志之士，和我一起，举办学习会，准备奋起创办新事业。每到周末，我们都会在京都东山鹿谷的京瓷迎宾馆内集合，总是将学习会开到深夜。

在和他们进行讨论的过程中，我心中涌起了一种希望："这件事情有办法干成！"尽管如此，在开始如此宏大的事业之前，为了点燃大家心中的激情，必须具备远大的志向。首先，为了确认我自己真实的动机，每天晚上入睡前，我都会扪心自问，"动机善吗？私心无吗？""是为了获得喝彩吗？是为了沽名钓誉吗？""没有一点儿留名青史的私心吗？""为国民谋利的动机真的纯粹吗？"在那6个月里，即使喝酒回家后，我都反复自问自答。最后我确认，为社会为世人鞠躬尽瘁这一纯粹志向不动如山。于是，我就下定决

心，进军这项新事业了。

恰巧这个时候，我出席了一个在东京举办的经济界人士聚会。我与挚友牛尾电机的牛尾治朗先生商量："谁都不干的话，我倒想试一试。"这时，西科姆的饭田亮先生听到后，与牛尾一同表示："我们也正想着做些什么。你若领头的话，我们一定倾力相助。"当我向索尼的盛田昭夫先生谈及此事时，他也举双手赞同。

就这样，我于1984年6月，设立了第二电电企划（后来的第二电电），率先出马，表明要挺进电信领域。以京瓷为中心，牛尾电机、西科姆、索尼、三菱商社4家公司一同作为发起人，总共25家公司联名成为股东。在气氛热烈的成立宴会上，我致辞道：

"日本的电信事业，自明治以来，一直是作为国营事业运营。时至今日，电电公社走向民营化，新企业参与获得许可，我们正在迎来百年一遇的巨大转折期。在这个高度信息化的时代，为了国民大众，日本的通信费用必须下降。人生只有一次，我决心赌上生命，非让这项事业取得成功不可。"

新公司由我担任会长，京瓷副社长森山信吾担任社长。我第一次见到森山先生，是在鹿儿岛同乡会上，

当时他还是通产省的科长。自那以后，每次见到他，我都被他的人格魅力所吸引。“你如果离开通产省，请一定要来我们公司啊！”我这话成为契机，他从资源能源厅长官的职务上退休时，就来问我：“稻盛先生，你以前说过的话，现在还算数吗？”“当然！”如此这般，森山先生就来到了京瓷。在创立第二电电的时候，森山先生也非常支持我。作为第二电电的社长，森山在通信事业创业之初，独当一面，承担了重要的涉外事务。

立志要在电信事业中谱写崭新的篇章，一开始我们就揭示了远大的目标，不过员工仅有 20 名。虽然势单力薄，但我们充满了挑战精神，决心朝着未知的世界，展翅高飞。

然而，同年秋天，国铁旗下的日本电信、日本道路公团·丰田派系的日本高速通信，也相继报名，参与通信事业。他们看到京瓷敢为人先，“怎么？连那些家伙都敢干？那……”确实，国铁在铁路通信业务上历史悠久，他们可以在新干线沿线的侧沟里铺设光缆。日本高速通信可以在高速公路中间的隔离带铺设光缆。这两家公司占据着得天独厚的有利条件，所以根本就

没把第二电电放在眼里。

实际上，我们没有铺设线路的渠道。为确保有地方铺设，首先，我拜访了国铁的总裁，提出请求："希望在铁路沿线并排铺设我们的线路。"结果对方吃惊地说："为什么我们要把沿线的场所借给你呢？如果是我们的子公司，倒可以考虑，不过……"我反驳道："国铁的线路属于国家的设施，是国民的财产，不用于公益，就太不公平了。"但对方还是冷淡地拒绝了。要是在美国，国家的公共设施不让民间公平利用的话，那是触犯反垄断法的。但是，日本国有企业还不理解自由竞争中"公平"的重要性吧。同样，道路公团也拒绝了我的请求。

最初社会舆论是一片赞扬之声："第二电电才是自由竞争的尖兵。"但当两大巨头参与进来后，舆论马上变调，讥讽第二电电只是昙花一现。我自创业以来，一直在开拓前人未经之路，哪怕昙花一现，也要现出我们的灿烂。逆境之中，我们意气风发，斗志昂扬。

愈挫愈勇

1985年（昭和六十年）6月，第二电电（DDI）获得了经营第一种电信事业的许可，公司正式起步，目标是1986年秋天开通长途电话服务。

不管怎样，必须先铺设通信线路，否则一切都是纸上谈兵。在新干线和高速公路沿线铺设线路的要求，都被竞争对手断然拒绝。考虑到工期和成本，只有一种方法，就是采用微波方式，在偏远山区架设基站，发射电波信号。但是，这种方法也面临巨大障碍。日本的天空错综复杂，布满了自卫队、警察以及美军等各种无线网络。即使在空隙中存在通道，但作为军事机密，这类信息不能对外公开，根本无从寻找。正在哀叹“万事休矣”的瞬间，从意料之外的地方，突然伸来一只援助之手。报纸的一则报道称，电电公社总

裁真藤恒先生表示：“可以提供一条闲置的线路。”站在真藤先生的立场，如果失去第二电电这一竞争对手，电电公社或许会被拆分。但就我看来，这是真藤先生援助孤军奋战的我。我立刻去拜访真藤总裁，获得了这条新线路的信息。

接下来就是基站建设。最初把目标锁定在收益高的东京—名古屋—大阪线路，并决定在中途的 8 个地方架设中转基站。因为人力、财力有限，这一年京瓷有 9 名员工，刚一入职就被外派到了第二电电，我任命其中 4 人负责中转站的建设，即每个人负责建设两个中转站。可他们都是新人，连东南西北都分不清。但为他们送行时，我告诉他们：“完成不了，就别回来。”他们必须完成从征购用地的谈判，到设施的建设、抛物面天线等无线设备的安装等硬任务，对于这些任务，连行家都会叫苦不迭。

同行业的那两家公司不需要这么干，他们只需在原有线路上铺设光缆。但是不管怎样，如果我们开业晚了，同他们的差距就会越拉越大。我号召全体员工：“适逢百年一遇的大变革期，这是莫大的幸运，让我们珍惜这一机会，朝着成功，团结一心，燃起热情，共

同奋斗吧！”

中转基站的用地当中，有些地方连路都没有。比如位于滋贺县伊吹山深处的国见地区，一到冬天，积雪超过 5 米，一年中整整 4 个月大雪封山，只能抢在不下雪的季节里施工；夏天忍着豹脚蚊的叮咬，昼夜不停地作业。钢筋、水泥用直升机连续往返运输，小件物资就靠肩扛手搬，沿着新开辟的山道徒步运输。铺设光缆的请求遭人拒绝，这种屈辱变成了动力，点燃了全体员工的斗志。结果，至少需要 3 年的传输线路的建设工期，仅仅用了 2 年零 4 个月就开通了。

通信线路完工后，用于企业内部通信的专项服务，于 1986 年 10 月开通。但是，与拥有众多关联企业和交易客户的 JR 集团、日本道路公团 · 丰田集团相比，第二电电在对企业法人的营销方面，处于绝对劣势，签约率在三家新电电公司中排在末位，这时，市场规模远大于专用服务的长途电话就成了决定胜败的关键。

由于第二电电工作繁忙，加之我担任京瓷社长已超过 20 年，所以我改任京瓷的会长，安城钦寿副社长升任为京瓷社长。为了能在 1987 年秋开通长途电话业务，京瓷也加强了营销队伍，调整了营销体制。

要拨打新电电的长途电话，用户需要先加拨四位数字的运营商识别号码。这个识别号码是由三家新电电公司抽签决定的，第二电电如愿以偿，抽到了“0077”。

开业当天，1987年9月4日零点，我在东京的第二电电总部按下了那个幸运数字7后，立刻传来了等候在京都的华歌尔的塚本幸一先生激昂的声音：“恭喜你，稻盛君！”房间里所有员工顿时欢呼雀跃，更有人感动得泪流满面。

长途电话服务终于投入运营，但是，我们没有余暇沉浸在感慨中。NTT（日本电信电话株式会社）与三家新电电的激烈竞争迫在眉睫。当时，东京到大阪之间的话费，相对于NTT的3分钟400日元，包括第二电电在内的三家新电电公司都设定为3分钟300日元。但使用第二电电的线路，就必须加拨四位数的识别号码，非常麻烦。于是，我们开发了可以自动选择低话费公司DDI（第二电电）的适配器。这样一来，用户就无须拨“0077”了，借助这个便捷的工具，我们争取到了很多的客户。

然而就在这当口，传来了意想不到的噩耗。森

山信吾社长因为脑溢血骤然去世，我失去了左膀右臂——一个无可替代的战友。当时，森山社长才61岁，这让我感到无比痛惜。作为治丧委员会的委员长，我致悼词：

“我在欧洲出差途中得知噩耗，当即折返回国，但再也不能与你促膝交谈了。前几天还那样精神抖擞，忙个不停，此时却已成故人，令我心痛欲绝。”

“当我大胆决定，准备进入新的通信行业时，是您真心赞成我，鼓励我。在盛田先生、牛尾先生、饭田先生协助下创立第二电电的时候，需要同众多投资商、同监管当局进行协调，各种各样困难的谈判，同各类人物斡旋。这些涉外活动是我最不擅长的，而您干起来得心应手，处理得非常圆满。森山先生，还记得吧，创业时我们同甘共苦，经常促膝长谈。”

“话虽然这么说，但像您辞官下海，从零开始兴办企业，将其哺育壮大，这样的人并不多见。当时我们相互勉励，立志为实现这个梦想而奋斗。当我说‘下年度将出现利润，我们好不容易走到了这一步’时，你的脸上露出了满意的笑容，这是前几天的事。我们终于走到了今天，但您却突然离我们而去，让人痛心

疾首。而您奠基的第二电电的伟业必将永垂史册。”

为了稳定军心，我匆匆兼任第二电电的社长。在强烈的危机感之下，我们发动攻势，获取更多长途电话用户，借以告慰森山的在天之灵。我当机立断，决定免费提供 DDI 适配器，以求增加签约合同。一年以后，使用 DDI 线路的用户超过了 130 万家，在三家新电电中独占鳌头。

竞争如火如荼，这期间，通信自由化的又一波浪潮汹涌而来。1986 年 8 月日本修订了《电波法》，进一步放开限制，用于车载电话的移动通信开始自由。

我坚信，“随时、随地、任何人”都能使用移动电话的时代一定会到来。这是因为在美国硅谷的萌芽时期，京瓷就已经开发了半导体陶瓷封装，车载电话的核心零件即半导体集成电路，它的发展速度究竟有多快，很早以前我就已经目睹。虽然当时的车载电话粗大笨重，只能装在汽车上，无法手持携带，但我预测，在不久的将来，它一定会不断小型化，成为可在掌上操作的移动电话。

在未来的 21 世纪，谁家生了小孩，父母给他取名的同时，电话公司也会来联系：“令郎（手机）的电

话号码是多少多少。”我深信，全民人手一机的时代必定会到来。当我得知移动通信领域也要放开时，立刻在DDI的董事会上提议：“我们应该率先进入这个领域。”董事中有出身于NTT和邮政省的移动通信专家，加上当时无论是美国还是日本的NTT，都不看好移动通信的前景，所以会议上都是否定意见。只有一个人支持我，但即便如此，我也对这个唯一的支持者说：“如果他们都不赞同，那就让我们两个人干吧。”

当时，在我脑海里，已经开始构思“葡萄串构想”，即以长途电话线路为核心，像葡萄串一样在全国各地建立移动电话公司，建立地方网络，形成一个从长途电话到本地电话都不依附于NTT线路、畅通无阻的通信网络。因为当时，不仅仅是DDI，新电电三家公司都没有连接市内电话业务的地方网络，这在与NTT的对抗中尤为不利。“葡萄串构想”就是用移动电话来覆盖地方网络的战略。我用这个构想说服公司内的反对者，为进军移动通信事业做准备。

但是，这一构想在一开始就碰到了很大的障碍。紧随DDI之后，日本高速通信也表示要进军这个领域。但由于可供使用的频率有限制，除NTT之外，同一地

区只能有一家公司营业。日本高速通信和DDI都想争取最能获利的首都圈，双方达不成协议。我提议公平划分东日本与西日本两个区域，但是日本高速通信连中部地区也想要，双方无法谈拢。

为了公平，我主张抽签，但遭到邮政省的批评。他们认为这种涉及国政的大事，用抽签解决太不严肃。但这样僵持下去，受苦受害的是日本国民。我觉得，只要我让步，就能平息争执，于是我决定让出首都圈和中部圈。最终的结果是我们获得北海道、东北、近畿、北陆、四国、九州和冲绳等地区，加起来市场规模只有日本高速通信的一半。

当我向董事会汇报时，索尼的盛田先生、牛尾电机的牛尾先生都很吃惊，说："你怎么把豆沙馒头中最好吃的豆沙给了别人，自己只留一层馒头皮啊！"我回答说："能吃上馒头皮就不会饿死，有句话叫败而后胜。让我们竭尽全力，把这层皮变成黄金皮吧。"

用利他之心应对

京瓷的目标是发展成为世界性的综合电子零部件制造商。这一构想作为京瓷全球化战略的一环，已经进入视野。因为伴随信息通信产业的蓬勃发展，建立能满足所有电子零部件需求的供应体制必不可缺。在泡沫经济达到顶峰的1989年（平成元年），这一构想迅速进入具体实施阶段。

首先，京瓷在8月宣布收购美国的埃尔科集团。埃尔科集团是一家世界性的电子设备连接器制造商，在美国、日本、德国、韩国四个国家都有生产基地。在连接器技术方面，美国比日本先进很多。埃尔科的产品被广泛应用在电脑、OA设备、通信设备等方面，有着良好的声誉。

9月，我在前往美国的飞机上偶遇了索尼的盛田昭

夫会长。后来我才知道，盛田先生此行的目的是收购哥伦比亚电影公司。而我则是为了收购美国首屈一指的电子零部件制造商 AVX 公司。

AVX 公司是一家在美国证券交易所上市的企业，在全世界 8 个国家拥有 18 个生产基地。收购 AVX 公司，让其加入京瓷集团，能进一步强化京瓷作为世界性综合电子零部件制造商的地位。

于是，我找到原先就有交往的 AVX 会长马歇尔 · 巴特勒先生，和他就收购事宜进行磋商。我提出了并购的建议："作为全球性的电子零部件制造商，让我们联合起来，为世界电子产业的发展做贡献吧。"我认为收购和合并就如同是企业与企业结婚，只有相互信赖，友好交往，才能顺利推进，所以对于这次谈判，我十分用心。

为此，我选择了股票互换的方式实行并购。由于日本的商法禁止与外国公司进行换股并购，所以这种做法没有先例。但由于京瓷也在美国证券交易所上市，我又希望 AVX 的股东成为京瓷的股东，通过与大藏省耐心交涉，最终这一愿望得以实现。

当时，在纽约证券交易所，AVX 的股票市价为 20 美元左右。我提出将其估值提升 50%，增加到 30 美元，

再将其与京瓷的股票（当时每股 82 美元）进行交换，两家就此达成一致。但是之后，马歇尔·巴特勒觉得 30 美元过于便宜，想要提高到 32 美元。京瓷的股东，同时也是京瓷美国分公司的社长罗德尼·兰森以及美国的律师顾问都反对。他们认为如果轻易接受对方要求，那么在以后的谈判中，对方还会得寸进尺。但是，我觉得巴特勒是在为 AVX 的股东谋求利益，无可厚非，于是答应了这一要求。

到 1989 年 12 月正式交换股票的时候，正逢股市大跌，京瓷股价也下跌 10 美元，跌至 72 美元。看到这种情况，巴特勒又提出："京瓷的股价下跌了，能不能把交换条件改为 72 美元兑换 32 美元呢？"这个要求出乎我的意料，"若是京瓷业绩下降，导致京瓷股票下跌，那还能理解，但这是道琼斯平均股价下降，没有理由更换交换比率吧！"

但巴特勒寸步不让："你说的或许有道理，但是我们有很多股东，实际市价 72 美元的股票，要以 82 美元的价格交换，是行不通的。"对此，兰森社长当然极力反对："因为是股票市场总体下降，所以我方主张站得住脚。"但是，经深思熟虑之后，我想成全巴特勒对

股东的一片好意。我们多次讨论了用新比率收购的可行性，最后我认定，只要努力，最后应该能行，就再次接受了这一不利条件。

此外，我还向 AVX 的员工们解释，作为同一个集团的公司，经营哲学和价值观应该共有，但是我不会改变 AVX 的名字，也不改变经营管理层。起初对将来感到不安的员工们，在知道了我的一系列方针之后，转而赞成并购，采取了协作的态度。

此后，AVX 取得了不俗的业绩。在泡沫经济时期，日本收购了许多美国企业，据说这是其中最成功的案例。具体而言，与收购前相比，AVX 公司的销售额上升 4 倍，利润增加 12 倍，6 年后，AVX 在纽约证券交易所再次上市。

我当时已经忘记了，在这一成功的背后，其实还有这样一件事情。

早在 1972 年前后，因为我深信，应用陶瓷积层技术的大容量陶瓷电容器有很大的发展潜力，于是从在该领域处于领先地位的美国 AEROBOX 公司引进了该项技术。当时签订的这份合同，让京瓷得以在日本生产陶瓷电容器并销往全球，同时，京瓷在日本可以独

家销售。

但是，两年后该公司一分为二，经营积层陶瓷电容器的变成了AVX公司。坐上AVX第一把交椅的巴特勒来信说："关于我们不能在日本销售的这一条款，太不公平了，能否删除这一条款？"在潜力巨大的日本电子市场，"AVX自己却不能销售积层陶瓷电容器"。巴特勒感觉到了这一合同条款对自己公司明显不利。但是，合约是京瓷和AEROBOX公司正式签署的，并且我方已经支付了独家销售的授权费用，所以在法律上我们有权拒绝巴特勒的要求，但我还是同意废除这一条款。一是我理解巴特勒的立场，二是希望双方光明正大，在市场上见高下就行。

巴特勒虽然提出了要求，但是他一定没想到，我居然这么爽快地同意了。我刚一同意，巴特勒立刻转达了他的惊愕，他说："您公平大度的胸怀，让我深受感动。"

放弃对自己有利的条件，看似做了一个吃亏的决定，但其结果是，京瓷同AVX公司之间，就此建起了眼睛看不见的信赖关系。"帮别人也是帮自己"，这句话很灵验。15年后，当我提出合并意向时，谈判在友好的氛围中很快达成一致，就是顺理成章的事了。

这一系列的判断，并没有经过精心算计。我认为，合并是将文化完全不同的企业融于一体，应该最大限度地为对方考虑。合并以后，京瓷的股价一路攀升，AVX 的股东获利丰厚，他们的喜悦之情在 AVX 的内部扩散开来，也感染了员工。在被收购方员工中滋生的抵触和不满情绪烟消云散，公司内部形成了和谐的氛围。这一切都是“利他”之心带给我们的意外之福。

当初身在 AXV 公司、现任会长的贝尼特·罗森回忆起当时的情形，对我这么说：

“您没有把与 AVX 的关系说成是 acquisition（收购），而是当作 merger（合并）。这两个词，对美国人来说，意义完全不同。acquisition 是一方买下另一方，将其纳入自己的组织之中。而 merger 则是两个组织融为一体。也就是说 merger 一词里含有将对方视为伙伴的语意。acquisition 一词给人的印象是被收购方的卑屈。虽然实际上是 acquisition，你却用 merger 来表达，这对 AVX 公司来说，真的非常重要。”

“您对 AVX 公司的股东和员工都很大度，且珍视他们的荣誉感，所以无论是股东还是员工，都非常开心。这次 M&A（企业的合并、收购）也因此圆满完成。”

第三部分

发挥哲学的威力

大概是1990年（平成二年）的年末吧，日本经营者团体联盟（日经联）的铃木永二会长（原三菱化学社长）突然请我吃饭。刚一坐下，他立马对我说："稻盛先生，我已经拜读了这本书。"他拿出来的，竟然是一本《京瓷哲学集》。

那是一本发给京瓷员工学习的小册子。书中总结了"用'作为人，何谓正确？'进行判断""要珍视公正、公平、诚意、正义、勇气、关爱、谦虚之心"等等我用来经营企业的经营哲学。铃木先生因一位亲戚在京瓷工作，所以借来阅读，读完后他想与我交流。

铃木先生说："我现在担任行革审（第三次临时行政改革推进审议会）的会长，看了这本小册子，我希望您也要加入到行革审来。"我的经营哲学居然引起铃

木先生的共鸣，我感到很惶恐。行革审的代理会长是与我有深交的东洋纺的宇野收会长，也许是他推荐了我。对于一心埋头于公司经营的我来说，正式参与和国政相关的工作，还是第一次。

就这样，从 1991 年 2 月开始的大约一年半时间里，我担任了行革审的“世界中的日本”分会的会长。我的朋友、京都大学东南亚研究中心所长矢野畅和富士通会长山本卓真担任分会代理会长，专业委员有政治评论家屋山太郎、出云市市长岩国哲人、产经新闻评论部委员长清原武彦、神户制钢所副社长福川伸次、原驻美大使松永信雄等 27 人。在分会会议上，我们讨论如何摆脱以往被动的外交局面，使日本能够积极参与到国际秩序的建设与运作中去等日本外交政策的议题。

我希望充分思考并归纳好“在世界上，日本应该具备的形象是什么？”这一理念。有人说：日本外交缺乏明确的方针。日本国民重视什么？对世界有何主张？想为世界贡献什么？我的意见是：日本应该把自由与民主主义作为基本原理，在国际社会中，成为受人信赖、受人尊重的国家。但是，大部分官僚出身的

专家的意见是："凭理念开展不了外交。"由于委员中反对的声音不断，分会的运作不尽如人意，但是，我们还是对现行制度进行了部分修改，例如作为应对国际化的政策措施，制定了 ODA 大纲，将行政文件用纸规格从 B 开版变更为 A 开版，护照的有效期限从 5 年延长到 10 年，优秀驾驶员的驾照有效期限从 3 年延长到 5 年，废除了机动车每 6 个月安检 1 次的规定等等。

之后，我又受托担任了一年的"政府职能再研讨"小组的组长。我主要想从正面剖析特殊法人的现状，但之后不久，相关政府机构拒绝出席听证会，据说是某位重量级政治家在背后鼓动。总共 3 年时间，我与众多官僚共事，对于以前陌生的日本行政体系开始有所了解。每一位官员个人确实都很优秀，但过度自信和官官相护也是令人不齿的现实。虽然他们唱着"小政府""国民主导"的高调，但全都是空洞的口号。

而且，行革审本身的定位也不明确。虽说内阁会议决定"最大限度地尊重"我们煞费苦心提交的咨询报告，但最后大都没有付诸实施。行革审到底拥有怎样的权限，直到最后也模糊不清。本来，行政改革照理应该由掌管立法机构的国会议员凭良心和才识来果

断实行的。

我对官僚的素质感到惊讶。首先他们无论如何也不会认错。人只有不隐瞒错误，勇于反省，才能不断进步。但这个常识在官僚中行不通。他们认为自己构建的社会秩序和行业秩序是完美无缺的，根本不需要改革。但事实上时代在不断变化，即使在过去是正确的事情，现在也要修改或调整。

日本的官僚有一种自负，他们认为是自己在支撑着这个国家，除了他们自己之外，没有人在认真思考国家的事情，所以，他们不能允许民众插嘴官方的事情。这就不仅仅是中央集权的问题，而是“官僚的、由官僚主宰的、为了官僚利益的”行政体系。换句话说，就是“官主主义”。与欧美的民主主义南辕北辙，“主权在民”的思想究竟跑到哪儿去了呢?

但是，就是这么一个强有力的“官主主义”的中央集权机构，还是凸显出了制度疲劳的问题。他们不接受批评，恣意追求垄断地位，其结果就是失去自我变革的功能，被瞬息万变的现代社会所抛弃。不言而喻，行政制度和官僚机构本是为国民的幸福而存在的，是为了建设一个让民众更加安居乐业的国家而设立的。

现在到了应该回归原点的时候了。与官员一对一交谈时，他们都很认真，也有见识，从中我也受教良多。如果不把官僚看作一个组织，而是看作一个个人的集团，那是难得的人才宝库。优秀的官员诸君，在现在这种危急的情势下，希望你们奋起挽救自己的祖国。

在行革审，虽然没能充分讨论日本外交的理念，但是，通过企业经营，我对于日美关系的重要性有了切身的体验。我期盼两国一直保持友好。日美贸易摩擦愈演愈烈，要改变这一趋势，我认为，双方都要认识到自身的缺点，并就理想的日美关系坦率地交换意见。为此，我和我的老朋友日美战略研究所所长戴维·阿布夏共同筹划，并在 1996 年 11 月设立了“日美 21 世纪委员会”。

委员会成员中，美国方面由美国前总统乔治·布什当名誉委员长，担任委员长的是美国贸易代表处原代表威廉·布罗克，副委员长是众议院前议长汤姆·佛里（后该职务由前国防部长哈罗德·布朗接任）以及作家约翰·奈斯比特、战略国际问题研究所所长戴维·阿布夏尔等一共 13 人。日本方面，担任名誉委员长的是日本前首相宫泽喜一，委员长是作家堺屋太

一，副委员长是经济评论家田中直毅，其他的委员还有日商岩井的顾问速水优、电通总研的社长福川伸次、一桥大学教授中谷严、富士施乐株式会社会长小林阳太郎、上智大学教授猪口邦子等一共12人。其中有些委员在任时或离任后，还担任了两国政府的重要职务，例如，佛里后来担任了美国的驻日大使，前首相宫泽担任了大藏大臣，堺屋则任经济企划厅长官，速水出任了日本银行的总裁。

日美双方这些响当当的人物，在整整两年的时间里，充分交换了意见，基本课题是："两国如何做，才能让对方感受到自己的魅力。"我极力主张，不可忘记体谅对方，该让步时就要让步，应该具备这种宽容的心态。

委员会就经济问题、安全保障、能源和环境等问题进行了广泛的讨论。教育改革是最优先的课题，在这一点上，我们达成了共识。日美两国都清醒地认识到，赋予年轻人掌握解决21世纪难题的能力，是责无旁贷的义务，而我们都忽略了这个义务，这是一个严重的问题。我们应该留给子孙一个什么样的日本？现在正是认真思考这一问题的时候了。

“日美21世纪委员会”于1998年5月在京都发表了《日美21世纪宣言》，为委员会的活动画上了圆满的句号。在宣言中，我们提出：新时代资本主义前进的道路，应该追求完全的自由竞争和彻底的市场开放，排除官僚主义及相关限制。另一方面，宣言中还写入了爱护地球环境和新人才教育理念。“生活在自由社会的人们，其行动必须符合社会正义和乐善好施的标准”，这也达成了共识。我真切希望，用关爱和慈悲之心来构筑两国关系。

成为真正的京都人

1994 年（平成六年）岁末，京都商工会议所会长、华歌尔会长塚本幸一把我叫去，对我说：“纪念京都建都 1200 周年的活动圆满结束了，借这个机会，我想让你来接替会长这一职务。”

当时，我虽然是副会长，但几乎不出席会议。我认为财界活动需要表现欲强的人来做，与自己无关，所以当即就拒绝了。塚本先生却说：“会长的人事安排关系到京都经济界的沉浮。让想当的人来当，这种想法大错特错。你就只关心自己的公司，对为当地做奉献就那么讨厌吗？”

“你太失礼了！”我不禁大声反驳。我一直认为，为社会做奉献是做人的头等大事。为了奉献这个社会，我还成立了稻盛财团呢，比你塚本先生更有实绩吧。

“为社会鞠躬尽瘁就是我的人生准则。”

“你哪有这样的想法？会长这个职务才是社会奉献。”

“不对，你不是自己想当才当的嘛。”

“你是这样看我的？我是在牺牲自己为大家做奉献。”

因为我对财界的活动基本漠不关心，一直都以为塚本先生是因为喜欢抛头露面才做的会长。直到现在才知道，要当好会长，自己公司以及个人的时间都要做出牺牲。“京瓷的发展之所以如此成功，其中也有京都人有形或无形的关照，现在给予适当报恩，不正是时候吗？”听塚本这么讲，我就下定了决心。我和塚本先生以前就交往亲密，当了解他的人品之后，我们就越发亲密了。经常会找个由头一起吃饭，无话不谈。

我在 1995 年 1 月出任会长，虽然任期未满，但还是在 2001 年 2 月卸任，任职 6 年。其间我还兼任了日本商工会议所的副会长，这些工作都不能当成副业来干，实际上，当时京都的问题堆积如山。

西阵、室町所代表的和服产业，在京都的经济中占有很大比重。随着生活习惯的改变，和服的穿着机会减少，和服的销售额随之一落千丈。为此京都商工会议所向全国的生产厂家提议，举办“和服峰会”，召

集各地厂商人士，共同探讨如何将和服传给后世，以及如何激活和服产业等问题。

京都以神社寺庙为代表，拥有丰富的历史观光资源。也正因为这样，京都人有着傲慢的一面，认为总有源源不断的游客到访。举例来说，街头巷尾随处可见肮脏之处，还有随地抛弃的垃圾。于是我首先就从环境入手，开展“清扫家门运动”，将街道打扫干净。我自己带头，把从河原町路到四条路，再到五条路一带的街面都打扫一遍。此举很有效，得到众多市民的理解，使后来的京都市的美化条例得以实施。

除了传统产业，京都还拥有华歌尔、堀场制造所、欧姆龙（OMRON）以及最近成立的日本电产等，可谓是创新企业的“麦加”。另外，还有任天堂、罗姆（ROHM）、村田制作所等高收益企业。他们为什么成功？因为那里的领导者拥有优秀的思维方式。所以我认为，倾听这些优秀企业家的讲话，受其启发，这是京都产业振兴的第一步。于是我便举办了“经营讲座高层论坛”，每次听讲座的经营者都超过千人。

此外，我还促成了京都佛教协会与京都市政府之间的和解，两者曾长期处于对立状态。这一问题的起

因是：市政府于1982年发表了征税方案，宣布从寺院的参观门票收入中征收古都税，而佛教协会则以停止参观进行对抗。

最终虽然取消了古都税，可两者之间的冷战持续了整整17年。正巧我担任会长之后，有机会与市长交流。另外，我在1997年出家，又与佛教界人士结缘，于是从中调停。1999年5月，我与京都市长楪本赖兼、京都佛教协会理事长有马赖底，三方一起签署了共同声明，表示“团结一致，努力振兴京都的旅游事业，建设观光型城市”。多年的悬案就此解决，大家都由衷地感到高兴。

我在任期间，经常会对政府的政策感到忍无可忍。虽然我不过是区区一个地方经济团体的负责人，但是，每次我都会以提案或意见书的方式，发出声明。比如在1995年，我就发表了一个紧急提案，题为“针对近期日元急剧升值，产业界应采取的对策”。

“迄今为止，每当日元升值时，为了确保市场占有率，日本企业都会最大限度地控制出口价格的涨幅，全力推进合理化，其结果，不仅没能减少巨额的贸易顺差，反而加速了日元的升值。”

“因此，为了缩小贸易顺差，让日元汇率恢复到正常水平，我认为，各出口企业应该把此次日元升值的成本，原封不动地转嫁到出口价格上。具体来说，此次日元对美元的汇率从 100:1 升到 90:1，为了应对这 10% 的涨幅，就应该把出口价格同样提高 10%。这样一来，就会削弱日本产品的价格竞争力，缩小贸易顺差，从而有效地抑制日元升值的趋势。”我向各个经济团体的领导发出这样的倡议，经济界不能一味要求政府解决问题，自己也要做好付出自我牺牲的心理准备。

还有一点，缘于自身的创新精神，我会情不自禁，不断建言献策。1996 年，大藏省及执政党税制调查会打算修改税制，准备对发泡酒征收与啤酒相同的税金。对这一新产品的开发，企业肯定投入了巨额资金，投入了巨大努力。征税会使这一切付诸东流，我认为，即使仅从社会正义的角度来看，这一决定也存在问题。

“首先，这有损创业家精神。发泡酒是啤酒公司开发的低价新产品，口味与啤酒相近。这是经过艰苦不懈的技术开发和市场开拓，才成功推向市场的。如果增税法案实施，那么发泡酒的商品价值即刻荡然无存。相信现行税法，并以此为基准，倾注于产品开发的企

业努力就会化为泡影，本应得到赞赏的创业家精神也会因增税而遭到完全否定。”

“其次，不能扼杀创新事业的幼苗。在当前经济低增长的情况下，培育创新企业的呼声高涨，各地培养有活力的产业已成为一大课题。不仅是大企业，也有生产和销售低价发泡酒的地方酿酒企业。难得他们发挥创新精神，准备一展身手，不能刚刚开始，就给他们泼去一盆冷水。”

“再次，立法必须征得国民的同意。此次增税是高级官僚提出的议案，并非基于民意，负担强加到厂家和消费者身上。已经成为社会生活规范的法律，由一小部分人单方面恣意修改，有悖社会正义。”

我把这份意见书提交给大藏大臣、通产大臣以及国会的相关委员会。

还有，1997 年在京都举办的“防止全球变暖的京都会议”上，通过了《京都议定书》。我们和地方行政机构、相关团体随之发表了《地球环境京都宣言》。

“我们活在当今，由于过度追求物质富足与生活便利，忘记了对自然的尊重。我们要重新学习与自然共生的先人的智慧和经验。就从今天起，我们要重新审

视我们每一个人的生活和社会的现状。将哺育珍贵生命的地球母亲，完好无缺地传给子孙后代，这是我们的责任。我们祈望以京都会议为契机，全世界协调一致，行动起来，保护地球环境。首先，我们决定，就在此地，齐心协力，采取实际行动，保护环境。为此，我们要鼓起勇气，从根本上审视自己的生活方式，立足新时代的价值观，在社会的生产、流通、消费、废弃等所有环节上，开展保护环境的活动。”议定书冠以“京都”这个名称，我们深感分量之重，因此发出以上宣言。

在这6年里，我有幸结识了京都经济界、市民及其他各界人士，和大家一起讨论了京都理想的发展方向。在此之前，虽然我已常年居住在京都，但经过这6年，我才感觉到自己成了真正意义上的京都人。

跨越国界

我认为，企业得到了来自顾客、股东、交易伙伴等很多人，以及地区、国家、国际社会等各方面的援助。因此，企业如果能以各种形式回馈社会，社会就能变得更加美好。京瓷从创立第4年起，就开始为地区举办年末互助慈善募捐，积极开展贡献社会的活动。

随着公司的发展壮大，活动规模也逐渐扩大。这些行为的根源，在于我纯粹的经营哲学，即为社会、为世人做贡献。对人类、对社会具有重要意义的事业，是我关注的重点。在资金等方面，对于需要支持的社会事业，尤其是学术领域、文化领域以及区域社会，我都努力做出贡献。

在学术领域，我会按照委托方的要求，为自然科学、历史等领域的研究提供援助。1990年以来，我一

直担任美国华盛顿卡内基协会的理事。卡内基协会成立于 1902 年，是由美国著名的实业家安德鲁·卡内基创立的非营利团体，它在生物学、天文学、地球科学领域推动了世界顶级水平的学术研究以及高等教育事业的发展。协会的会长马克沁·辛格在理事会上与我商量："在智利的安第斯山脉海拔 2300 米处的拉斯坎帕纳斯天文台，将安装一台直径 6.5 米的反射式天文望远镜，希望能获得您的资助。"这是一项有可能形成有关宇宙诞生新理论的重大项目，我个人、京瓷和第二电电都决定提供资助。这台望远镜于 2000 年的年末安装完毕，并投入观测使用。

此外，考证中国长江文明的起源则是一次充满梦幻色彩的经历。位于京都的国际日本文化研究中心所长梅原猛先生找我商量，请我出资赞助日中联合开展的有关长江文明的学术调查。有一种说法，长江流域基于稻作农业形成的高度都市文明，要早于黄河流域 1500 年。如果正式调查的话，人类文明史有可能被大幅改写。但是，由于中国经济快速发展的影响，这些遗迹和文化遗产已经岌岌可危。所以，他希望由日方出资，尽快开展学术调查。我认为，只要有利于两国

友好就是好事，因此当即表示了同意。

1995 年春天，我受梅原先生的邀请，前往浙江省杭州市近郊的良渚遗迹群。我们从上海出发，坐火车转乘汽车，行程约 4 个小时。附近属于丘陵地带，遍地都是桃梨果园。粉红的桃花和白色的梨花竞相开放，宛若世外桃源。对于考古学我是外行，徜徉在这片遗迹之中，却意外发现了一件以翡翠为原料的玉器出土文物。这件玉器加工技术之高超，即使放到现代，可能也难以实现。

我把自己的一生都奉献给了陶瓷技术的开发，实际感受到了它的无限可能性。我相信，能代替工业革命以来的铁器文明的，一定是陶瓷。我深信，21 世纪将迎来“新的新石器时代”。

然而，这件 5300 年前的玉器，其制作水平之高，即使利用目前最尖端的科技，也无法做到。到底当时存在过怎样的文明啊！如果能探明这些玉器的加工技术，无疑会大大推进陶瓷技术的开发。我使用放大镜仔细观察这些玉器。作为一个技术人员，我沉浸在这个古代技术的谜团里。之后的发掘调查进展顺利，不断有刷新考古学历史的重大成果出现，例如，发现了

世界上最早使用烧制砖块建造的王宫，等等。

接着，1997 年 6 月，国立民族学博物馆（民博）的顾问梅棹忠夫来访京都的京瓷总部。他对我说：“我们想购买英国议会的大量资料，但没有预算，我找民博的后援会长佐治敬三（三得利会长）商量，他让我来找您，希望您能给予支持。”我听后很是惊讶，这是 19 世纪初到 20 世纪后半期的大英帝国的议会文件，有 13000 册，800 万页。据说马克思撰写《资本论》时曾经参考过这些文献。这里面详细记载了英国是如何收集并使用全世界的信息的，这对于了解近代世界的形成和变迁是第一手的资料。

其中，有关日本从幕府末期到明治时期的资料就有 6000 页，据说“极其珍贵，全世界只有几套”。我认为，对于要和各国和谐相处的现代日本而言，这些记载着 19 世纪后大英帝国兴衰和世界历史的资料非常宝贵，于是我决定提供支持。现在，在大阪的千里万博公园的民博里，这些资料都被冠以“京瓷文库”之名向大众公开。

另外，在文化事业方面，1985 年，总部同在京都的华歌尔公司的塚本幸一先生来询问，能否赞助举办

绘画展。这不是寻常的画展，而是要将现代日本画代表画家的作品介绍到欧美各国。当时，正值贸易摩擦严重之时，摩擦固然有经济方面的原因，但也是一种文化摩擦，是由于互相不了解对方国家的文化而引发的。基于这一认识，才策划了这次画展。我每次到海外出差时，也有同样的感觉，所以乐意提供协助。这个展览会汇集了平山郁夫、东山魁夷等知名画家的 48 幅作品，在巴黎、伦敦、波士顿等欧美 7 个城市巡回展出，累计参观人数达 11 万。

我还参与过电影的制作。一次偶然的机会，我在京都观看了龙村仁导演的电影《地球交响曲》。这是一部让人思考地球未来的电影。通过一个一个记录短篇描绘了朴实善良的人们，这部作品没有受现代常识的束缚，歌颂了拥有独立人生观、宇宙观的主人公们的美好生活方式。这部电影让我深受感动。

听龙村导演说，他一直在为电影宣传而辛苦努力，想要拍摄续集更是困难。作为独立制片的自主创作，需要相当的资金，龙村导演请求我给予资助。针对一味追求物质财富的人们，向其诉说心灵世界、精神世界的重要性，我觉得这样的作品很有社会意义，于是

就赞助拍摄了第二部（1995 年）、第三部（1997 年）。我本人也和导演多次讨论，希望拍出能让更多人接受的电影作品。影片在全国范围内独立上映，虽然几乎没有进行过宣传，但还是吸引了上百万名观众。

此外，1980 年，我曾帮助京都的冷泉家族实现了财团法人化。冷泉家族是日本和歌的重要流派，其祖上是平安镰仓时代的歌人藤原俊成、藤原定家。一天，我通过相关报道了解到，冷泉家族希望将长年传承的宝贵文化财产，作为国民的共有财产予以保存，这让我非常感动。于是我就直接打电话，表示愿意提供帮助。现在该财团保管的典籍和古书已达数万册，其中有四部属于国宝级的经典。

最近，我还赞助修缮了“国际学生之家”，它是由旅居海外的慈善家们在 1965 年，为在京都学习的外国留学生建立的，目前老化严重，正在研究是否关闭。在全球化浪潮席卷的当下，竟然连一个国际宿舍都难以维持，不免贻笑大方。于是，我举手响应募捐，又得到了其他财界人士的支持，“国际学生之家”得以保留。我希望这能让外国留学生感到高兴。

在体育方面，我赞助了本地的京都不死鸟足球俱

乐部。在J级职业联赛尚未起步时，日本历史最长的俱乐部球队——京都紫光俱乐部的老板就对我说："数年后，日本将诞生足球职业联赛。稻盛先生，您能否支持我们？"我对足球一窍不通，在职业棒球一统天下的日本，我无法想象，风行南美和欧洲的职业足球会受人关注。但是，1993年，J联赛一开赛，立刻火遍全国。紫光足球俱乐部的老板再次拜托我说："我用自己的个人资金勉强维持到现在，再也坚持不下去了，希望您能一力承担下来，为京都打造一支冲击顶级联赛的强队。"

在京都市民中，要求组建"京都职业足球队"的呼声越发高涨，还为此成立了市民会，并送来了25万人签名的请愿书。随后，J联赛、京都足球协会、体育协会等组织也纷纷请我出力，我再也无法回避。京都这个地方，印象中似乎与运动没什么缘分，可是市民们对这件事却如此兴奋，其中一句话刺激了我的神经："在关西地区，大阪、神户有阪神、欧力士、近铁等几支职业棒球队，京都什么都没有。没有点燃年轻人激情的活动，京都只会越发沉沦。"

这么一说，我想起来，以前塚本先生也说："我想

买下阪神。吉田教练就是京都人，要是京都有阪神老虎队那样的球队，整个城市都会充满活力。”虽然不至于买下阪神，但因为有这一段故事，我还是成了京都不死鸟队的主赞助商。加上任天堂等其他当地企业共同出资 18 亿日元，京瓷占 55%。虽说是体育比赛，但既然是职业联赛，就不能亏本。可是，球队成绩低迷，球迷就少。虽然投资巨大，可是收益甚微。

我喜欢观看体育比赛。京都不死鸟队的主场比赛，我几乎一场不落。我还拼命呐喊助威，每场比赛我都很紧张。球队获胜，我欣喜若狂；若是输了，我又懊恼不已。且不说公司经营，足球比赛都总是事不遂愿。2000 年赛季，球队一蹶不振，无奈从 J1 降级到了 J2。2001 年赛季，我们以年轻队员为核心重建球队，以“全场拼搏”为口号。我本人亲临球场，观摩训练，直接与年轻选手交流，为他们加油鼓劲。

与 J1 赛事相比，J2 的比赛场次更多，日程更为密集，但队员们没有辜负我们的期望，在 J2 联赛中勇夺冠军。短短一年，就重返 J1，兑现了承诺。通过充当啦啦队队员和参加庆功会，我切身地感受到球迷和市民的喜悦。我希望，今后京都不死鸟队能继续活跃在 J

级联赛上，给京都市民带来梦想和感动；也希望更多的球迷能站到看台上，为年轻的选手摇旗呐喊。

另一方面，在故乡鹿儿岛，1991届的鹿儿岛大学工学系同学会希望我为母校捐赠一座纪念会馆。当时正值工学系成立50周年，希望作为毕业生，我能出资捐建。最初，我觉得一个人难以承担这么大的费用，想要拒绝。不过父母和家里其他人都力劝我："母校对你有恩啊！"于是我最终还是接受了这项要求。

刚好那时我有缘结识了建筑家安藤忠雄先生，就委托他设计。安藤先生的创意别具匠心，将一个蛋的形状融入到建筑中："这一造型象征着一个小宇宙，它孕育着富有创造力的生命，希望年轻人能从这里飞向世界。"但愿后辈们能理解安藤先生和我的良苦用心。1994年纪念馆落成，我用母亲纪美和父亲畩市的名字，为会馆取名为"Kimi & Kesa纪念会馆"。

1999年，应鹿儿岛大学的请求，我向大学工学系提供基金，开设了"京瓷经营学讲座"。这是以培育创业者为目的，传授京瓷经营哲学和经营管理方法的讲座。我之所以提供基金，是因为我认为，企业为学术界、教育界提供帮助，也是企业重要的社会贡献之一。

在日本，有各色各样的经营学讲座，如果“京瓷经营学讲座”能办成一个熠熠生辉、独具特色的讲座，也算是我对母校的一种报答吧。我自己有时也会执起教鞭，给学生讲解经营哲学和经营的要义。我期待，从这个讲座中，不断涌现出具备优秀经营哲学的创业者，开创卓越的事业，为搞活区域经济做出贡献。

在企业经营中，在追求利润时，要坚守正确的为人之道。既然是企业，利润是必要的，但是欺骗别人，贬损别人，采用邪门歪道的话，企业不可能长期繁荣。听说在住友的家训中，有“君子爱财，取之有道”这句话。我把企业应采取的光明正大的态度称为“求财有道”。同样，在使用利润时，不是为了满足私利私欲，为社会为世人使用财富的、正确的为人之道是存在的，这就是所谓“散财有道”。

企业家从所获得的利润中缴纳税金，就是为社会做贡献。再进一步，将剩余的利润的一部分回馈社会，那就是一种高尚的行为。我相信，如果企业从纯粹的愿望出发，量力而行，为社会做出相应的、有意义的贡献，那么整个社会都会变得更加充裕滋润，更加丰富多彩。

盛和塾

1980年，我在京都青年会议所的青年经营塾做了一次演讲，在随后的酒会上，年轻的经营者们恳求我："到底如何才能成功？请您教我们一些经营的诀窍。"我婉拒说没有时间，但经不住他们多次要求，我觉得，如能帮助年轻的经营者，不妨与他们多交流，于是接受了他们的请求。

不久之后，大家就以我为中心开始了学习会，取名"盛友塾"。由于白天我忙于本职工作，只能找晚上的空余时间，边饮酒边交谈。但学习会一旦开始，年轻的经营者们就非常热情，提出有关经营的各种问题，我一一回答，他们就像海绵吸水一样，拼命吸收。

一开始我就说明，我并不打算传授经营技巧。我认为，企业经营在很大程度上取决于领导人所秉持的

哲学和理念。对于年轻的经营者们，我只传授作为领导人应该秉持的“经营哲学”。我确信，只要领导人的器量拓展了，公司自然会蓬勃发展。

不久，大阪的经营者们得知此事，提出也要给他们机会。于是，以大阪成立新塾为契机，“盛友塾”更名为“盛和塾”，寓意为企业隆“盛”、人德“和”合，正好也是我名字中的两个字。之后在神户、东京等地也相继开设了分塾，各地希望入塾的经营者络绎不绝。

在一个人维持生计都属不易的现实社会，即使员工只有 5 人、10 人，但要保障他们及其家族的生活，我觉得，这样的中小企业经营者就已经很了不起。经营者不论公司大小，都要把经营责任一肩扛起，还不能在自己的部下面前显出软弱，因而他们处于孤独的境遇。处境相同的经营者互相倾吐烦恼的场所，就是盛和塾。因为完全没有利害关系，所以他们对我也能敞开心扉，诉说自己的烦恼。不管能不能马上获得解答，这种推心置腹的交流本身，就是最好的激励。

在我出席的塾长例会上，除了我讲话之外，塾生们还会提出他们现在碰到的问题，我时而点评，时而

答疑。除了这种反复的经营问答之外，还有塾生发表经营体验。结束后，一定会开恳亲会，大家促膝畅谈。

在经营问答的环节，会突然蹦出这样一些问题：

“我经营的是一家基础薄弱的小微企业，由于过度竞争，产品价格下跌。现在我决心进军海外市场，这时要注意什么？请您给予指点。”

“我经营的是家族企业，由于家族之间意见不合，沟通不畅，十分苦恼，要怎么解决这个问题呢？”

“我是公司的第二代经营者，因为顾虑到前任社长和现场的领班，公司内部改革举步维艰，我该怎样做才好呢？”

“我们公司属于 3K（苦、脏、危）行业，要让员工具备自豪感，我该怎么做？”

每个问题都很尖锐，我必须认真思考后给予答复。此外，不仅仅有塾长例会，塾生们还会自发地聚集起来，举办自主例会，一起讨论自己的问题。盛和塾成了一个道场，志同道合的求道者们聚集一堂，切磋琢磨。

随着各地相继成立分塾，盛和塾需要在全国展开，因此在 1991 年决定成立全国性组织。在当时的倡议书

上，我们写道："经营的精髓在于领导人持有的心性。只要领悟这一精髓，经营者心性提高了，企业经营就一定顺畅。全国的经营者们，让我们集结在一起，立志于提高自己的心性，实现企业的安定和繁荣。"

接下来，塾生们汇聚一堂、开展交流的呼声高涨。1992 年，来自全国各地的塾生会集到一起，举办了第一届盛和塾全国大会。全国大会每年都召开一次。到了 2000 年夏天，在大阪召开的第八届全国大会，已有多达 1100 余名塾生参加。会上有位塾生发表了这样的经营体验：

> 我从小就向往海外，后来远赴巴西，创立了一家木材公司。然而，由于通货膨胀和劳务问题，我的梦想破碎了，站在了绝望的边缘。就在那时，我看到一本日本杂志上介绍盛和塾的报道，上面写着稻盛先生的一句话——"只要行做人的正道，宇宙都会来相助。"我苦苦寻觅的就是这个人物！我马上写信，请求在巴西开设分塾。没想到，很快收到稻盛塾长爽快允诺的回信，巴西盛和塾得

以成立。那之后，塾长还多次莅临巴西指导，令我感激不已。我以塾长倡导的“提高心性拓展经营”为指针，在亚马孙的木材加工场每天实践，经营也终于走上顺利发展的轨道。

听到塾生们作为经营者不断成长的经历，我感到无比的欣慰。

现在，盛和塾在中国台湾地区、巴西等地有 4 家，日本国内有 51 家，塾生超过了 3200 人。在这些中小企业的经营者中，有 61 家上市公司和柜台市场挂牌公司。此外，中国的东北师范大学、天津企业管理培训中心等机构在了解到盛和塾的活动后，也开始研究我的经营哲学。

我完全义务发起的盛和塾发展到今天的规模，是我做梦也没有想到的。今后只要时间允许，关于人生，关于经营，我还想与大家好好交流。

KDDI 的诞生

伴随 1986 年的移动通信自由化的推进，如前文所述，DDI（第二电电）与 IDO（日本高速通信）协商划分了业务区域，DDI 在除首都圈和中部圈以外的地区开展移动电话服务。前期的准备工作已经就绪，DDI 无论如何都要在获准运营的地区取得成功。为此，我认为销售活动一定要扎根于所在的每一个地区，于是我们邀请电力公司等在当地有影响的企业共同参与，后来 DDI 在关西、九州、中国（日本的中国地区，包括鸟取、岛根、冈山、广岛、山口五个县。——编者注）、东北、北陆、北海道、四国、冲绳相继设立了 8 家移动通信公司。

在成立移动通信公司之初，当时日本的移动通信方式使用的是 NTT 制式，而在北美，由美国摩托罗拉

公司研发出来的 TACS 制式，已经进入了实用阶段。既然要与 NTT 公司竞争，再依赖 NTT 的技术，从一开始就会受制于人。而且 NTT 的手机服务价格高昂，除了话费外，还需要 7 万多日元的入网费以及高达 10 万日元的保证金。为了尽量降低话费，我们决定采用价格和质量都经过世界市场检验的 TACS 模式。

1987 年 6 月，在关西电力公司的森井清二社长、大阪天然气公司的大西正文社长、三得利株式会社的佐治敬三社长、华歌尔的塚本幸一社长等关西经济界人士的多方支持下，作为首家运营商的关西移动通信正式开业了。我发出号召："首战必胜！"大家即刻响应，以关西电力公司出身的清户元也社长为核心，全体员工众志成城、全力拼搏。

就这样，关西移动通信在 1989 年 7 月正式开始提供服务。不但免保证金而且入网费只需 47300 日元，话费更是较 NTT 便宜 30%。凭借这样的价格优势，头三个月，签约用户就突破了 1 万。我们推出的手掌大小的"micro-touch"手机，博得了高人气，掀起了追捧狂潮。随后，DDI 的移动通信公司在各地相继开业，签约量突飞猛进。1995 年，全日本的手机入网数超过

了1000万部，而DDI的8家移动通信公司就贡献了195万部，而拥有首都圈和中部圈市场的IDO却只有113万部。这8家移动通信公司的签约量超出了大多数人的预测，始终大大领先于IDO。甚至有的DDI子公司的市场份额竟然超过了NTT，从首战开始我们就节节胜利，大获成功。

不久，传统的模拟制式已无法容纳激增的手机用户。为了有效利用分配到的电波频段，推进手机数字化迫在眉睫。于是1994年，我们推出数字化服务。当时，我们采用的是NTT开发的被称作PDC的数字通信方式，由于依赖NTT的技术，所以新品发售或者新服务的开展只能步NTT的后尘。因此，1998年我们与IDO一起推出了在美国、韩国等使用的数字通信方式——“cdmaOne”服务。无论是音质，还是数据通信的速度都胜过PDC。后来，我们又接连开启了基于该项技术的第二代服务，也就是GPS导航和视频传送业务，以及能够实现更高速数据通信的“CDMA2000 1x”服务。

这里值得一提的是，在冲绳这一地区设立独立的移动电话公司的，只有DDI一家。当时，在中山素平

先生（日本兴业银行特别顾问）的关照下，为了鼓舞冲绳经济界，由本土年轻经营者为主，发起成立了冲绳恳谈会，我也被推选为该会会员。因为一直以来，我经常思考，如何才能为冲绳的经济发展提供支援，所以在这个恳谈会上，我提出在冲绳设立移动通信公司。这个建议一提出，立刻就受到大家的热烈欢迎。1991 年，唯一一家总部设在冲绳的通信公司“ORAGA 移动电话公司”成立了。公司得到了当地各界人士的大力支持，现在仍然保持着超过 NTT 的市场份额。

在开展移动电话事业的同时，1989 年（平成元年），邮政省发起了“关于新一代移动电话系统调查研究会”，开始探讨个人手持式电话系统（PHS）。比起手机，PHS 更能节约设备成本，话费也能大幅降低。在即将到来的人手一机的个人通信时代，能够以低廉价格提供高质量服务的 PHS，将来在年轻人群和老年人中具有极大的市场潜力。于是，DDI 决定迅速进入该领域，并于 1995 年 7 月开始了商业化服务。通话费为 3 分钟 40 日元，仅为手机的 1/6 至 1/3，超低的话费获得了大众的好评。开业仅一个月，DDI 的袖珍电话集团的加入者就超过了 10 万，获得了超高的人气。之

后用户群不断地扩大，到了 1997 年，经营 PHS 的三家公司的合计突破了 700 万部。

我之所以参与 PHS 事业，是因为听说 PHS 能大幅降低话费。然而，事实却并非如此。因为营运一旦开始，我们就必须支付给 NTT 一笔巨额接入费，而且还要负担 NTT 的设备改造费用。这样的话，即使能够维持鼎盛期的签约数，经营也不可能稳定。这样，PHS 事业本身，在日本就无法存续下去。对于过高的收费负担，我们曾多次向 NTT 和邮政省提出交涉，开始时他们的态度是不屑一顾。但我们不屈不挠，经反复交涉，对方才同意过几年再采取降低费用的措施。但是，最初阶段过重的负担一直拖着后腿，成为 PHS 事业持续低迷的主要原因。此后，PHS 和手机的竞争又日趋激烈，用户不断减少的不利情况长期持续，直到最近，才稍有业绩好转的迹象。

故事的叙述前后有些交叉。DDI 创业的第 5 年也就是 1989 财年，销售额为 406 亿日元，利润达到了 44 亿日元，实现了盼望已久的单年度盈利。之后持续增收增利，1993 财年销售额为 2307 亿日元，利润达到了 240 亿日元，同年 9 月，DDI 在东京证券交易所二

部上市。创业仅9年，在三家新电电公司中率先上市。当时的发行价是370万日元，而股票上市首日的交易价是550万日元，比发行价高出180万日元。在缺乏长途通信基础设施这一极为不利的条件下诞生的DDI，已经发展到了可观的规模。不久又进了一步，在1995年从东证的第二部升级到第一部。DDI的成功证明，即使在日本，也并非只有那些拥有既得权益的人才能成功，新兴的挑战者们，只要抱定一颗纯粹之心，努力拼搏，坚持不懈，也能获得成功。希望这个事例能够激励将要走上创业之路的年轻人。

DDI整体发展顺利，但是，在卫星通信领域吃到了意想不到的苦头。1991年5月，美国摩托罗拉公司的董事长罗伯特·加尔文来访京瓷总部，希望我协助“铱星计划”。该计划要向太空发射77颗（后改为66颗）通信卫星（铱星），构筑一张全球性手机通信网络，让全世界每个角落都能实现实时通话。这是一个宏大的构想。摩托罗拉公司正面向全球募集投资者，但投资额预计高达5000亿日元以上，一直找不到支持者。

因为很早以前，京瓷就向摩托罗拉提供电子零部

件，我和加尔文先生也见过面。后来又通过索尼的盛田昭夫会长等人的关系，我们的交往更趋亲密。还有，我先前提到过，DDI 的移动电话事业开始时，导入的就是摩托罗拉公司的 TACS 通信方式，那时我与加尔文会长常有会面。因此，加尔文会长才会来邀请我出资。最初听他介绍时，我对这个项目的可行性表示怀疑，但是，如果能够使用卫星实现移动终端之间的通信，那么在通信基础设施薄弱的发展中国家，也能有效利用。这绝不是仅对发达国家有利，而且对发展中国家的人们也有益。考虑到这一点，我表示了同意。

1993 年 4 月，以 DDI 和京瓷为核心，索尼、西科姆、牛尾电机等企业共同出资组建了日本铱星。欧洲、中东、印度、俄罗斯等地也相继成立了公司。1998 年 11 月，服务终于开始。没有通信设施的山岳地带、沙漠、孤岛，没有手机信号覆盖的船舶、小型飞机，都能够有效利用。然而，关键的国际商务市场却反应冷淡。开业仅 9 个月，这项事业就宣告失败，因为美国的铱星公司未能获得融资条件所要求的客户数量，无法坚持下去。市场战略不是瞄准发展中国家而是发达国家，是失败的最大原因。其背景是手机的迅速普及

及其资费的快速下降，这两点事先没有预计到。所幸的是，铱星留下的66颗通信卫星被一家新公司接手，卫星移动电话重新开始在全球使用。虽然蒙受了巨大的损失，但我们卫星通信的梦想却实现了。我们期待，作为全球通信基础设施，铱星能得到更为广泛的应用。

在即将告别20世纪的2000年10月1日，日本国内排名第二、跻身世界前十的综合电子通信公司KDDI诞生了。

自明治以来百余年间，国内的通信作为国家事业，被长期垄断。但在中曾根首相的领导下，“土光临调（第2次临时行政调查会）”在1982年提出，应该建立最适当的竞争机制，在铲除垄断弊病的同时，追求合理的规模，将电电公社拆分，实现通信事业民营化。

我相信，只要NTT的长距离通信部门被单独拆分出来，我们就一定能与之抗衡，于是在1984年创办了DDI。然而，NTT的分拆迟迟不见进展，DDI在最初阶段，就被迫与未曾预想的、依旧庞大的NTT艰苦鏖战。尽管如此，“以更便宜的价格为国民提供更优质的服务，乃是善举”。抱定这一信念，我们努力经营，坚持不懈。

这种坚持带来的结果就是，东京至大阪之间的长途电话费，从3分钟400日元降低到3分钟80日元。在手机领域，经过持续激烈的竞争，手机话费戏剧性下降。经营虽然十分艰辛，但对国民生活提供了很大便利。

1999年7月，NTT总算被拆分成了4家公司，向新的经营形态过渡。然而，这与当初的方针大相径庭。NTT被作为纯粹的控股公司保留了下来，所以东日本、西日本、长途通信部门等等，只是做了形式上的拆分。更有甚者，连一直独立运营的NTT DOCOMO都被纳入NTT旗下。NTT还拥有了国际通信部门。这与当初的“土光临调”方针相去甚远，反而使NTT变得更强大了。

理所当然，市场经济成立的前提是自由公正的竞争，反垄断法就是因此而存在的。为此，20年前就决定了将巨大的垄断企业NTT拆分分割，然而，这一目的却根本没能实现。从国际上看，世界第二的经济大国日本，其通信市场居然没有公平竞争，实质上仍被一家公司垄断。这种情况是无法容忍的。

如果这种局面持续不变，日本信息通信产业的健康发展是不可能的。对此我抱有强烈的危机感。我认

为，唯有与NTT对抗的力量实现大团结，才能打破这一僵局，除此之外，别无他法。

所以，为了在移动电话领域与NTT DOCOMO抗衡，首先就要与占居首都圈和中部圈的IDO合并；其次，为了在国际长途通信领域与NTT Com抗衡，就应该联合KDD。这个思路一经确定，我和DDI的奥山雄材社长就展开了行动。

我会晤了KDD、IDO的最大股东——丰田汽车的奥田硕会长及张富士夫社长，之后又与KDD的中村泰三会长和西本正社长见面。我表明了自己的观点：为了让日本通信信息产业健康发展，必须形成能够与NTT抗衡的力量。为此，必须“去小异，存大同”。必须超越单一企业的利害得失，共赴大义。同时，通信行业瞬息万变，果断决策不可或缺。为此，我请求让DDI作为合并的主体，担负起今后的经营重任。这几位都是有见识的智者，大家很快就达成了共识。KDDI就此诞生了。企业文化各不相同的三家公司合成一体。我衷心地希望，KDDI发挥这三家各自的优势，成为21世纪日本通信行业的中流砥柱。

见证了这项合并后，2001年6月，在KDDI的首

次股东大会上，我辞去了董事名誉会长的职务，就任最高顾问。我相信，以小野寺正新社长为核心的年轻经营团队，一定能将 KDDI 打造成一家足以对抗 NTT 的优秀的公司。

另一方面，1998 年 8 月，由黑川纪章先生设计、位于京都市伏见区的京瓷总部新大楼落成了。地上 20 层，高 95 米，是京都最高的建筑物。考虑到景观，总部大楼建在京都市南部人口最密集的地区。大楼的设计体现了人与自然的和谐，在大楼南面外壁和楼顶安装了大约 1900 块我们公司自己生产的太阳能电池板，发电容量超过了 200 千瓦，是世界上最大的单体光伏发电系统。一层的美术馆和二层的精密陶瓷馆对公众开放。

同年夏天，复印机制造商三田工业突然向我求助。最后一任社长三田顺启先生之所以想到我，据说是因为他相信，一个把“提高心性的经营”作为哲学理念的公司，一定能使三田的员工幸福。所以决定拜托我来挽救他们的公司。我被一心为员工着想的三田先生所打动，承诺出手帮助。原三田工业的员工在京瓷的支援下，为重建公司拼命努力，新诞生的“京瓷美达（三田的日语发音接近美达。——译者注）”业绩稳步

攀升，结果比预定计划提早了 7 年，于 2002 年完成了复兴计划，能够与普通企业一样，自主开展经营。

而就任京瓷美达社长的，是京瓷打印机事业部的负责人关浩二。在 2001 年年末举办的京瓷集团国际经营会议的恳亲酒会上，关社长致辞说：

“我现在担任京瓷美达的社长，感觉这好像是命运的安排。22 年前，是稻盛名誉会长挽救了我所在的莎博公司。当时莎博濒临破产，作为公司的中层干部，我为明日的生计忧心忡忡。就在这时，稻盛名誉会长伸出了援手，那一刻的喜悦与感激之情，我终生不忘。然而，这一次，作为京瓷的干部，轮到我来挽救三田工业了。京瓷美达的员工也像过去的我一样，对京瓷的援助充满感激，为了公司的重建拼命努力，因此业绩节节攀升。我将继续带着一颗报恩之心，与员工们一起，努力再努力。”说到这里，在众人面前，关社长禁不住热泪盈眶。

俗话说“帮人也是帮己”。听关社长的致辞，我深感此话果然真实不虚。22 年前，虽然莎博工业与京瓷毫不相关，但出于单纯的救助之心，我实施了对莎博的“救济合并”。今天，被救助公司的干部，基于自

己的这段经历，又和京瓷美达的员工一起，重建公司。20 多年前我付出的这份好心，现在得到了回报。或许这就是“善的循环”。

当时，很多来自海外的京瓷干部也出席了恳亲酒会，他们同样深受感动。拥有这些理解并能实践哲学的经营干部，我感到自豪，与此同时，我觉得，无须再为京瓷集团的未来担忧，因为京瓷拥有这么多优秀的干部。

2001 年 4 月，在伊藤谦介会长、西口泰夫社长的领导下，京瓷迎来了创业 42 周年纪念日。创业之时提出的目标是“原町第一，西京第一，还要世界第一”。当时的一家小型的街道企业，如今已成长为销售额超过 1 万亿日元、在世界各地拥有 4 万名员工的全球化企业。另外，把京瓷与 KDDI 两家的销售额简单相加，两个企业集团有销售额超过 4 万亿日元的规模。这也是全体员工不断追求“作为人，何谓正确？”这一经营哲学，齐心协力、拼命奋斗的结果。我要向迄今为止与我共同努力的员工及其家人，以及台前幕后支持我们的相关人士，再次表示由衷的感谢。

家人的支持

1997年（平成九年）9月7日，我在京都八幡的圆福寺剃度出家，法号“大和”，拜临济宗妙心寺派圆福寺的西片担雪法师为师。

我以前结识过一位瑜伽大师，从他与我的交谈中，我觉得自己的人生有80年。那么，出生后的20年可视为步入社会的准备期，随后的40年是为社会做贡献，也是为磨炼自己的工作期，最后的20年是死亡（灵魂启程）的准备期。我原本打算到了花甲之年就开始准备，但由于忙碌而未能如愿。

到了65岁，我决定不再拖延，于是与法师商量，法师开导说：“这是好事。你可以剃发出家。但在那之后，你还要回归现实社会，为社会做贡献，这才是你的修佛之道吧。”

在1997年6月的股东大会上，我从京瓷和DDI的名誉会长职位上引退，决定出家。但就在此时，意料不到的事情发生了。每年的1月份，我都会和妻子一起接受定期体检，这一年由于妻子偶然感冒，便没有按时体检。一直拖到出家前，才接受了体检，结果发现胃部有异常。经过进一步的检查，诊断为胃癌。如果在1月体检的话，因为还是早期癌，也许发现不了。体检延迟反而成了一件幸事。并且，因为打算在剃度后继续修行，所以空出了日程，正好可以利用这段时间住院治疗。

在原本准备剃度的那一天我接受了手术，切除了三分之二的胃。手术顺利结束了，可术后的一段时间不能进食，只能靠输液维持。待到感觉差不多时，我喝了点粥汤，不料腹部突然剧痛，直冒冷汗。由于疼痛难忍，第二天一早就请医生检查，发现粥汤从本应愈合的肠胃的缝合处漏了出来。因为一喝马上腹痛，所以我只喝了一点点。医生说如果喝多的话，就可能并发腹膜炎，问题就严重了。

结果，只能耐心等待伤口自然愈合，所以我又得回到医院输液。没想到住院时间这么长，到了夏天才

得以康复出院。

由于事发突然，我没能按计划剃度出家，但是不能再拖了。原本想 60 岁时出家，由于工作延迟到了 65 岁。再若耽搁，就不知何时才能如愿了。虽是抱病之躯，但哪怕硬撑着我也想尽早剃度，接受释迦牟尼的教诲，这个想法愈发强烈。终于在入秋后依然炎热的 9 月 7 日，在家人和亲戚的见证之下，我在圆福寺接受了剃度。

待到体力恢复的 11 月，我在寺院内完成了“大接心”的修行。初冬寒冷的凌晨 3 点起床，夜里 11 点就寝。每餐只有一汤一菜，粥加萝卜酱菜。由于胃刚被切除，所以我还吃不完。我体验了“起则半席，卧则一席”的“坐禅入定”修行。时间虽然不长，但是对于我术后的身体来说，也是一场艰苦的修行。在此期间，我还出去托钵化缘，在这个过程中，还邂逅了让我终生难忘的事情。

所谓托钵，就是身着深蓝色布衣，头戴竹笠，赤足穿着草鞋，以行脚僧的打扮造访信众的家庭。到了施主的门前，诵念《四弘誓愿文》，然后请求施主布施些米粮，放入肩上的行囊。由于我不习惯这样的行脚

修行，几天下来，脚趾从草鞋里挤了出来，擦在沥青路上渗出血来，无奈把身体重心放在脚跟行走，不一会儿腿肚子又酸痛起来。到了傍晚，我手提沉重的行囊，拖着疲惫的脚步，走上归途。这时，一位正在清扫落叶的老妇人，走近我说："您很累了吧，用这钱买个面包吃吧！"说着，悄悄地施舍给我100日元。钱放在我手上的那一瞬间，不知道为什么，我的内心充满了无以言表的极致的幸福感，眼泪夺眶欲出。这个老妇人看上去并不富裕，但她向我布施时的善良美丽的心灵，是我过去的人生中从未没有体验过的，那么清新，那么纯粹，是一种贯穿我全身的幸福感。这才是神佛的爱，我感动至极。

在这个世界上，有人认为积聚财富、获得地位和名誉才是人生的价值，但是我一直强调："为社会为世人尽力，是人最高贵的行为。"思善行善，必有善报。思恶行恶，必有恶报。要行善事，就要放下利己心，磨炼心灵，美化心灵。可这些话要直接说出来，人们往往感觉羞耻，面露难色。这一点我觉得不可思议。

话虽如此，但是一辈子行善，只做好事，能够实践这一条的人几乎没有。但是，即使一时经不住诱惑，

但只要每天反省，拼命努力行善积德，佛祖看到后也会用慈悲之心予以救赎。通过这次修行，我相信了这一点。

出家后第二年，1998 年 2 月，距离盛和塾全国大会召开还有 10 天时间。那一天，我正在京都商工会议所工作。中午与会议所的职员在地下食堂用餐，吃了一碗天妇罗乌冬面。虽然我的胃已经切除，但那个部位却隐隐作痛。傍晚回家后刚一躺下，一阵剧痛袭来，难以忍受，赶紧坐出租车赶往医院。

诊断的结果是肠梗阻，当即住院。医生想用管子伸进肠道，将卡在肠中的异物取出，但却很不顺利。无奈第五天，又切开了胃癌手术时的伤口，将肠子取出来处理。切除胃的人消化能力减弱，吃乌冬面时，由于面条过长而阻塞了肠道。那天中午吃的乌冬面就是“罪魁祸首”。结果住了一个月的医院，根本就没顾上盛和塾大会。胃癌手术后，没有好好调养，就去寺院修行，后来又仍然和健康时一样埋头工作。结果报应就来了。

一年后，我出访巴西和巴拉圭时，肠梗阻再次发作。当时计划出席在巴西和巴拉圭的移动电话合资公

司的董事会，以及巴西新成立的盛和塾巴拉那分塾的开塾仪式。途中下榻著名的伊瓜苏瀑布旁边的一家酒店。当晚，突然腹部一阵剧痛，无法动弹，可能又是吃面堵住的缘故。随即住进了当地医院，医生反复劝我，说情况危急，需要立即手术。可这家地方医院设施不全，我不想在这里做，坚持“回日本后做手术”。第二天，症状稍有缓解，于是我转到圣保罗，在日裔医生处待了一晚，最终同意我回日本。

带着医生开出的止痛药，冒险踏上归途。从圣保罗机场经由洛杉矶，到达关西机场，大约 30 个小时。下了飞机，径直去了京都的医院。这次幸运，无须手术就康复了。有了这样的变故，医生禁止我再吃面食。但是，因为我喜欢面食，也有忍耐不住的时候。但一想到自己疼得打滚的样子，就再也不敢哧溜哧溜地狼吞虎咽了，只能乏味地一根一根地咀嚼面条。

从那以后，我一如既往，忙忙碌碌，没有时间好好休息。想学习佛教和哲学，亦不能如愿。不过健康已经恢复，体重也回到了手术前的水平。现在，尽管我很少直接过问，但是京瓷与 KDDI 的各个团队，都能在严峻的经济环境中顽强拼搏。这全靠两个集团的现

任领导和员工们拼命努力，我对他们的努力深表感谢。盛和塾以及京都奖等公益活动也不断取得佳绩，我也想对相关的人士由衷地表示谢意。我希望今后继续努力，踏实做好“为社会为世人”的各项活动。

我之所以有今天，也得益于家人的支持。妻子自与我相识至今，从未有过一句怨言。京瓷创业之初，无论吃的穿的，我都没能让她满足，她也没有任何不满。自那以后，我总是很晚回家，她必是不睡觉等我。有时，我有点愧疚，但当我问她：“带你去坐豪华游轮好不好？”她肯定回答：“没那个必要！”

我和妻子有三个女儿。无论回家多晚，只要孩子们没睡，我就会给她们详细地讲“今天爸爸在工作上遇到了这样的事”，因此大家都对我非常理解。

但是，也有这样的事，是公司规模变大的时候，已经长大的女儿们这样对我说：“我们在一起吃晚饭时候，因为平时都见不到您，我们就想和您好好聊聊，可是父亲您却总是心不在焉。反正您想的都是工作上的事吧，我们干脆就闭口不说了。”我自己也觉得，至少在回到家的时候，应该一家团圆，其乐融融，但事实却不是这样。对要保证员工生计的经营者来说，这

也是无奈之举。而正是因为妻子和女儿理解我，我才能毫无后顾之忧，全身心投入工作。

虽然我不是一个称职的父亲，但是三个女儿都健康成长，并相继出嫁，在与我的工作毫无关系的领域，走她们自己的人生道路。偶尔我也和女儿们聊天，陪外孙们玩耍，带妻子外出旅游。我非常感谢家人给我的幸福。回顾自己走过的人生，我认为，无论是个人也好，还是公司或者国家也好，都有着各自的命运。而自己的命运不仅仅是自己个人的命运，还受相关的企业、国家等的命运影响，几层命运之波重叠，才决定了自己的命运。

然而，命运绝不是固定不变的，随着当事人的思想与行动的改变，他的人生也不断改变。佛教把这称为“因果报应的法则”。只要心存善念，多行善事，这种善念和善事就会成为原因，推动事物朝着好的方向前进。

当命运走向逆境时，不管做多少好事，也未必立即会出现好的结果。但是，如果从几十年的人生跨度来看，善举必有善报。另一方面，无论多么幸运，多么得意，都不可忘记谦虚。傲慢不逊就是导致自我衰

亡的原因。

在波澜万丈的人生中，无论遭遇怎样的苦难与逆境，都不要怨恨、不要哀叹、不要沉沦，而要积极开朗，要坦然接受人生的考验。只要以纯粹之心拼命努力就好。无论面对怎样的命运，只要抱有感谢之心，积极向上，人生之路一定光明。迎来古稀之年的今天，我对此感受深切。

年 谱

公历 （年龄）	稻盛和夫	社会事件
1932年 （0岁）	出生于鹿儿岛市药师町。	“5·15”事件。
1938年 （6岁）	鹿儿岛市立小学西田小学入学。	《国家总动员法》颁布。
1944年 （12岁）	报考鹿儿岛第一中学落榜，升入寻常高等小学。	雷伊泰湾海战。实施小学生集体疏散。
1945年 （13岁）	* 因肺浸润休养在家，其间阅读了《生命的实相》。 * 听从班主任土井老师的劝说，考上私立鹿儿岛中学。 * 家里的房屋在空袭中被烧毁。	日本无条件投降，战争结束。
1948年 （16岁）	* 升入鹿儿岛市高中第三部。 * 为贴补家用，行商卖纸袋。	东京审判最终判决东条英机、广田弘毅等7战犯死刑。
1951年 （19岁）	报考大阪大学医学部药学科失败，升入鹿儿岛大学工学部应用化学科。	旧金山对日媾和会议召开，签署了《旧金山和平条约》。

（续表）

公历 （年龄）	稻盛和夫	社会事件
1954 年 （22 岁）	经济不景气导致就业难，在竹下教授的介绍下，被松风工业录用。	美国在比基尼环礁进行氢弹爆炸试验。
1955 年 （23 岁）	* 鹿儿岛大学毕业后，进入京都绝缘子制造公司松风工业工作。 * 从事特殊瓷器（新型陶瓷）的研究。	正式进入电视机、洗衣机等的家庭电气化时代。
1958 年 （26 岁）	* 与上司在技术开发的方针上发生冲突，退出松风工业。 * 得到青山政次部长及其朋友西枝一江先生、交川有先生的支持，决定创办新公司。 * 与须永朝子结婚。	电视机销售数量突破 100 万台。
1959 年 （27 岁）	创办京都陶瓷株式会社。	皇太子（明仁亲王）成婚。
1961 年 （29 岁）	以与高中毕业的员工们的交涉为契机确立经营理念。	池田勇人首相就《国民所得倍增计划》发表演说。
1962 年 （30 岁）	第一次海外出差远渡美国。	古巴危机。
1963 年 （31 岁）	新设滋贺蒲生工厂。	美国总统肯尼迪遇刺。
1966 年 （34 岁）	* 大量接受 IBM 公司 IC 基板订单。 * 就任京瓷公司社长。	因经济不景气发行第一次赤字国债。

（续表）

公历（年龄）	稻盛和夫	社会事件
1968年（36岁）	成功开发取得出口佳绩的新型陶瓷材料，获首届中小企业研究中心奖。	苏联军队入侵捷克。
1969年（37岁）	* 新设鹿儿岛川内工厂，生产 IC 用多层陶瓷封装。 * 在美国设立当地法人公司 KII。	“阿波罗 11 号”登月。
1971年（39岁）	在大阪证券交易所第二市场、京都证券交易所上市。	美国发表保卫美元八项措施（尼克松冲击）。
1972年（40岁）	* 多层陶瓷封装的开发，获大河内纪念生产特等奖。 * 新设鹿儿岛国分工厂。	美国将冲绳岛归还日本。
1973年（41岁）	* 全公司员工去香港旅行。 * 以“Cerchip”的商标销售陶瓷切割工具。	第一次石油危机。
1974年（42岁）	* 升入东京证券交易所第一市场、大阪证券交易所第一市场。 * 因石油危机后的经济不景气，向工会提议一年内暂停加薪。	国民生产总值战后首次出现负增长。
1975年（43岁）	* 再结晶绿宝石产品化成功。 * 为了开发太阳能电池，设立日本太阳能株式会社。	越南战争结束。
1976年（44岁）	发行美国信托证券（ADR）。	美国的洛克希德丑闻曝光。
1977年（45岁）	完成对苏联的成套生产设备的出口工作。	《渔业水域 200 海里暂定措施法》颁布。

（续表）

公历（年龄）	稻盛和夫	社会事件
1978年（46岁）	开始以“Biocelum”的商标，销售生物陶瓷制人造牙根。	《中日和平条约》正式签署。
1979年（47岁）	决定援助Trident、Cybernet工业。	中美建交。
1981年（49岁）	由于对陶瓷的发展做出的贡献，获得伴纪念名誉奖。	美国航天飞机“哥伦比亚号”发射。
1982年（50岁）	合并Cybernet工业，CRESCCENT VERT等4家公司，更名为“京瓷公司”。	东北新干线贯通。
1983年（51岁）	* 为了京都年轻经营者，开办经营塾“盛友塾”（盛和塾的前身）。 * 合并雅西卡公司。	第二次临时行政调查会（土光临调）提出最终议案。
1984年（52岁）	* 投入私人财产建立稻盛财团，就任理事长。 * 由于成功开发大规模集成电路陶瓷积层技术获得紫绶奖章。 * 成立第二电电企画株式会社，就任会长。	洛杉矶奥运会举行。
1985年（53岁）	* 因人造股关节等违反药事法遭到抨击。 * 第二电电企画以第二电电（DDI）之名投入运营，取得了第一种电子通信公司事业的许可。 * 兼任京瓷会长。 * 举行首届京都奖颁奖仪式。	由于电电公社的民营化，成立日本电信电话株式会社。

（续表）

公历（年龄）	稻盛和夫	社会事件
1986 年（54 岁）	* 专职担任京瓷会长。 * DDI 开通东京—名古屋—大阪的专用通信线路服务。	苏联切尔诺贝利核电站核泄漏事故。
1987 年（55 岁）	* 关西移动通信公司成立。 * DDI 开始面向大众的长途电话服务。	国铁民营化，JR 各公司成立。
1989 年（57 岁）	收购埃尔科公司。	日本裕仁天皇去世。
1990 年（58 岁）	* 合并 AVX。 * 以大阪开塾为契机，“盛友塾”更名为“盛和塾”。	东西德统一。
1991 年（59 岁）	就任第三次行革审“世界中的日本”支部会长。	中东海湾战争爆发。
1993 年（61 岁）	DDI 在东京证券交易所的第二市场上市。	《欧洲联盟条约》（《马斯特里赫特条约》）生效。
1995 年（63 岁）	* 就任京都工商会议所会长。 * 推出 PHS 服务。 * AVX 在纽约证券交易所再次上市。 * DDI 升为东京证券交易所第一市场。	WTO（世界贸易组织）建立。
1997 年（65 岁）	* 退任京瓷、DDI 的会长职务，就任名誉会长。 * 接受胃癌手术。 * 在临济宗妙心寺派圆福寺出家（法名“大和”）。	香港回归中国。

公历（年龄）	稻盛和夫	社会事件
1999 年（67 岁）	作为调停者促成京都市与京都佛教会的和解。	欧洲统一货币“欧元”诞生。
2000 年（68 岁）	* 援助三田工业，创办京瓷美达公司。 * DDI、KDD、IDO 合并为 KDDI，就任名誉会长。	韩朝第一次首脑会晤。
2001 年（69 岁）	* 退任京都工商会议所会长，就任名誉会长。 * 就任 KDDI 最高顾问。	美国“9・11”事件。
2002 年（70 岁）	在美国战略国际问题研究所（CSIS）设立“阿卜谢亚・稻盛领导者学院”。	世界范围的 IT 行业不景气。
2003 年（71 岁）	设立盛和福祉会、稻盛福祉财团。	新型肺炎（SARS）肆虐。
2004 年（72 岁）	* 被中日友好协会授予“中日友好的使者”称号。 * 开设“京都大和之家”。	雅典奥运会举行。
2005 年（73 岁）	卸任京瓷董事长。	日本颁布了《邮政民营化法》。
2007 年（75 岁）	在美国凯斯西储大学设立“伦理与睿智的稻盛国际中心”。	日本新潟中越冲地震。
2009 年（77 岁）	在法国召开的“世界企业家论坛”中荣获“世界企业家奖”。	中华人民共和国成立 60 周年。
2010 年（78 岁）	就任日本航空会长。	上海世博会召开。
2011 年（79 岁）	被美国化学遗产基金会授予“2011 奥斯默奖章”。	东日本大震灾。

公历 （年龄）	稻盛和夫	社会事件
2012 年 （80 岁）	* 就任日本航空名誉董事长。 * 日本航空公司重新上市。	伦敦奥运会召开。
2013 年 （81 岁）	* 卸任日本航空公司董事长。 * 被京都大学授予“名誉研究员”称号。	习近平当选为中国国家主席。
2014 年 （82 岁）	举办京都三所大学共享的教育基地——“稻盛纪念会馆”竣工仪式。	世界卫生组织（WHO）就埃博拉疫情发布紧急公告。
2015 年 （83 岁）	就任日本航空名誉顾问。	伊斯兰极端组织（ISIS）恐怖活动频发。

附

梦想、志向和愤慨——创业的根源

初识稻盛和夫先生，缘于1998年的纽约之旅。

这一年的10月，Temporary Centre公司（现保圣那公司）的社长南部靖之先生策划在其德国和法国子公司举办演讲会，邀请了稻盛先生、中江要介先生（原驻华大使）和我作为演讲嘉宾。南部靖之先生是盛和塾的塾生，而盛和塾则是由尊奉稻盛先生为导师的年轻经营者们所组成的团体。受邀者都是夫妇同行。拥有丰富人力资源事业的南部先生性格爽朗，让我们非常愉快地度过了那段时光。

当时，稻盛先生的京瓷公司已发展成为国际性的大企业，而他创办的第二电电（现KDDI）也获

得了快速发展。稻盛先生不愧是代表日本的大企业家，富甲天下。无论在杜塞尔多夫还是巴黎，京瓷集团都有大量的常驻人员，到处都有人迎接。

但是，稻盛夫妇却说，“这次不是公务出差”，所有活动均坚持自费，夫妇两人与普通游客一样乘坐市内观光巴士，在小餐厅吃饭，稻盛先生还亲自跑到海关，为购买的礼物办理退税。

那时，我便真切地感受到：“此人言行一致，果然名不虚传。”

现代日本企业的领导人有两种，一种人毕业于一流大学，进入大企业或机构，谨小慎微地一步一步爬上来。换句话说，他们是走上“既定人生道路”的成功者。

另一种人则是凭借着努力、才能和运气，一路披荆斩棘，出人意料地成就了一番丰功伟绩。他们可以说是波澜万丈的人生的胜利者。

在战后成长起来的稻盛和夫先生就是后者的杰出代表，他是继松下幸之助、本田宗一郎之后又一伟大的创业者。

稻盛先生的一生，充满着很多令人紧张、兴奋

的励志故事。年少时体弱、贫困，升学屡屡受挫，连找工作也是四处碰壁。上天没有给他一个幸运的开始，成功也并非注定的。

但是，稻盛先生将这些不利条件一一转变成了成功的基石。如果他出身豪门，从一流大学毕业，就进入政府机构或者大型企业就职的话，就不会有历经无数次试验，挑战未知，创办新兴陶瓷企业的伟业了吧。最初工作的公司又小又穷，已经容纳不下稻盛先生的技术和热情，从结果来看，离职反而是件幸运的事。

“化不利为有利”——这是从丰臣秀吉到松下幸之助这些成功人士的共同点。他们的人生，乍一看似乎充满着不可思议的好运，让人觉得他们就是凤毛麟角的幸运儿，但事实绝非如此。幸运的基础，是这个人所具有的使命感（mission）、激情（passion）和思想（philosophy）。

这个世界上，为求成功而甘冒风险之徒多矣，但是拥有明确的使命感、火热的激情和高尚思想的人却少之又少。大多数人，或追求眼前的蝇头小利，或曲意逢迎大众，或略有小成便得意扬扬。那些媒

体大肆吹捧的、所谓新兴企业的创业者，后来多数都破产消亡，其原因也不外是上述几种情况。

稻盛先生在其著作中，虽然强调自己的成功全赖朋友们的支持，但在其背后，还有他那具有巨大感召力的使命感在熠熠生辉。

回顾京瓷的历史，可以看到很多这样的案例，为完成那些不可能完成的研发任务和订单，殚精竭虑，苦苦努力，最后终于赶在交货期前完成。京瓷克服了文化差异，满足了客户苛刻的规格标准，使松下、仙童半导体、IBM 等这些世界巨型企业一一成为自己的客户，看似如同鲁莽蛮干的人撞上了大运，但使这一切成为可能的，正是以稻盛先生为代表的全体员工火一般的工作热情。

而点燃全体员工热情的，一定是稻盛先生的思想，是他在人生与事业中一以贯之的哲学。

本书的读者，可能会联想起战后日本的企业文化和经济高速发展期那“美好而久远的回忆”。但是，即使形式和对象发生了变化，由共同思想所激发出来的集体力量，在任何时代都不会消失。

使命感就是梦想，激情就是志向，而思想则会

产生对现状的不满和愤慨。成功的创业者有一个共同之处，就是梦想、志向和愤慨在内心持续燃烧。因此，真正的创业者，必然对现实感到不满，为此苦闷烦恼，进而在胸中燃烧起改革的熊熊烈火。

稻盛先生投入私人财产建立了巨大的公益财团，设立了国际性的奖项京都奖，对学术、艺术领域的贡献者予以表彰。他支持年轻的经营者，对政治也甚为关心。1996 年他成立了“日美 21 世纪委员会”，长期开展活动探讨日美关系的未来。

我有幸担任了这个委员会的日方委员长，在那里我们可以畅所欲言、坦诚交流，不会像在官僚组织内部那样束手束脚。在那之后，我也成了官僚，在担任经济企划厅长官期间，能与美国财长、总统顾问进行长时间讨论，很大程度上也要归功于那时候建立的人脉关系。

稻盛先生无穷无尽的梦想、志向和愤慨，有时会让现有的组织或权力敬而远之。但只有毫不畏惧、不厌其烦地去将其付诸实践，才不会为小有成就而沾沾自喜，才是真正的改革者。

相对于这本自传里记述的各个具体的事件和细

节，我更希望读者体会到的是，贯穿在其背后的稻盛先生的哲学思想。

堺屋太一

译者导读

信仰的觉醒

在人类商业史上，恐怕没有一位企业家能像稻盛先生那样，在如此众多的领域中取得过如此之大的成就，受到如此之多的人发自内心的爱戴，通过企业经营对人类的精神层面产生过如此重大的影响。许多人将他视为传奇，称其为“经营之圣、人生导师”。

然而，当我们阅读这本稻盛先生亲自撰写的自传时，就会意外地发现，这样一位了不起的人物，原来居然是和我们一样的平凡之人。

稻盛先生出生在一个普通的家庭，接受的教育也非常普通，大学毕业后入职的也是一家普通的企

业。从出生到走入社会，都毫无出众之处。青少年时代，每逢遭遇困难，他也会像我们普通人一样怨天尤人，抑郁消沉。然而，他在后来的人生中居然取得了如此成就。从平淡的人生开局，到充满挫折的青少年时代，再到步入社会后的高潮迭起，甚至屡创奇迹，其间的反差实在巨大。那么，在这个过程中到底发生了什么？是否存在某个柳暗花明的转折点？

我认为，转折点确实存在，这样的转折发生在我们无法用肉眼观察到的内心世界，这就是“信仰的觉醒”。

年轻的稻盛在满怀希望地进入了松风工业后，遭遇到了残酷的现实。他也曾经怨天尤人，满腹牢骚。然而，他最后意识到，总是心怀不满，怨天尤人，也无法改变现实，于是决心将全部精力投入到眼前的研发工作中去。结果，奇迹发生了。在排除一切杂念、专注于一项研究时，进展居然非常顺利，取得了卓越的成果。一直以来，自己的人生总是不如人意，但沉下心来专注于研究仅仅半年，就取得了行业内全球顶尖的成果。稻盛先生说，“我感到某

种人生观在内心萌动”。这就是第一个重要转折，年轻的稻盛开始意识到，心灵的状态影响研究成果，也就是说，看不见的内心世界的波动，会影响看得见的客观世界。

刚刚创办京瓷时，稻盛先生既没有知识也没有经验，不知道如何才能经营好企业。烦恼之余，他决定，姑且“将作为人应该做的正确的事情，以正确的方式贯彻下去”。他说：“在企业经营方面我固然无知，但我知道做事违背道德就不可能成功，这也算是一种单纯的信仰。”

然而，就是这种单纯的信仰，为稻盛先生的人生带来了根本性的转折，成了他日后成就伟业的关键，也是他后来构筑整个利他哲学体系的原点。

这是一个最为关键的转折，是一个历史性的飞跃。用“作为人，何谓正确？”也就是“是非对错”来进行判断，意味着要和自己的本能和欲望做斗争，意味着要放下“利害得失”这个当今社会既有的、被视为理所当然的、最为普遍的判断基准。可以说，这就是信仰的觉醒。

人是一种脆弱的动物，往往被本能和欲望所支

配，往往以自身的“利害得失”作为判断事物的基准，因而对事物做出错误的判断。从这个意义上说，人类的局限性显而易见。但与此同时，人类作为万物之灵，又具有其他动物所不具备的灵性要素，人类天然具有克服和超越自身本能的潜在能力和动力。稻盛先生的这个转变可以说就是这样一种超越。他决定放弃“利害得失”这一基准来判断事物，将自己“交给”“正确的判断基准”，用“作为人，何谓正确？”来判断人生中遇到的一切问题。基督教神学大师保罗·蒂利希认为，信仰就是“勇于将我们自己交出去，交给某个比我们更大的存在”的决断行为。年轻的稻盛做出了这个决断，跨出了关键性的一步，他开始超越欲望和本能的束缚，展现出尼采所说的“超人”的一面。

信仰需要经历考验。很快，对稻盛先生的考验就来了。创立京瓷后的第三年，正当公司将要进入快速发展期时，上一年聘用的高中毕业生们发起集体谈判，决绝地要求稻盛先生对他们的将来给予种种承诺和保障，否则就集体辞职。虽然经过三天三夜的长谈，稻盛先生用自己的真诚打动了所有反叛

的员工，辞职风波得以平息，但他反而彻夜难眠："公司根基未稳，自己家人的生活尚且照顾不及，员工们却已将自身和家庭的未来寄托于这家不起眼的小企业。""创办企业的根本目的到底应该是什么？"稻盛先生陷入了深深的苦闷烦恼之中。

彼得·德鲁克说："信仰需要经历绝望。"经过反复的痛苦思考，稻盛先生还是依照自己遵从的"作为人，何谓正确？"这一判断基准，对公司的经营理念进行了修正，将其从"让自己的技术问世"变更为"在追求全体员工物质和精神两方面幸福的同时，为人类社会的进步发展做出贡献"。朴素的利他信仰帮助稻盛先生战胜了自我的局限性，将他自己所秉持的判断基准落实到了企业经营的根本目的之上。可以说，这个企业理念的确立，为京瓷日后的巨大发展奠定了根本基础。从此，"作为人，何谓正确？"这一判断基准，开始以"利他"的面目呈现出来。由此，稻盛先生的哲学信仰基本成型，并开始进一步向纵深发展。

为了凝聚全体员工的力量，营造命运共同体，将新的企业理念落到实处，稻盛先生经过反复思考

和探索，创造出了“阿米巴经营”的方法，即通过将公司划分成多个独立核算的小组织，并辅以相应的会议制度和人事评价制度，让部门负责人成为经营者，让全体员工都主动参与到经营活动中，从而创造高收益，为全体员工的物心幸福打下坚实基础。稻盛先生说：“‘在追求全体员工物质和精神两方面幸福的同时，为人类社会的进步发展做出贡献’是京瓷的经营理念，而阿米巴经营则是作为一项制度，将这一理念具体化的经营体系。”

这是从世界观到方法论的一个飞跃，稻盛先生开始将自己的哲学思想落实到企业的组织和制度层面，用具体的制度、机制、工具、方法等来推动价值观的渗透和共有。利他哲学由此变成了系统性的制度行为。这意味着，稻盛先生开始从一个自我觉醒的人，进一步蜕变为一个王阳明所说的“撞钟人”。稻盛先生在自己的企业里，通过组织和制度，渗透利他哲学，帮助全体员工自我唤醒，在工作中体悟和践行“利他”，在收获物质和精神幸福的同时，创造了高收益，为社会、为人类做出了巨大贡献。

京瓷在成长过程中，收购过 Trident、Sybernet、雅西卡、AVX、Taito 等多家企业。有人认为京瓷是依靠积极的 M&A（企业的合并、收购）来实现规模扩大的公司，但稻盛先生说：“事实上，不管在什么情况下，我都未曾主动地去展开并购。我的想法很单纯，因为受人所托，所以想努力去帮助对方的员工，而且，我十分珍视这种相遇的缘分，仅此而已。”在企业并购方面，稻盛先生所秉持的，也是其一贯的利他信仰。不仅企业的并购战略如此，在京瓷的产品战略、市场战略、人才培养、组织架构、制度建设等企业经营的方方面面，都渗透和反映着稻盛先生的利他信仰。现实的结果是，京瓷的员工在不断共有利他哲学、深入开展阿米巴经营的过程中，不断挑战新的领域，产生新的创意，让京瓷从一家以泥土为原材料的街道小厂，成长为员工人数超过 7 万的、全球精密陶瓷行业首屈一指的企业。

1983 年，稻盛先生应京都的中小企业家的请求，创办了盛和塾的前身——盛友塾，开始向年轻的企业家们传授自己的哲学。这是一个新的开始，意味着稻盛先生的利他哲学开始从企业走向社会。截至

2019年，全球的盛和塾在册塾生（加入盛和塾，追随稻盛先生学习的企业家被称为“塾生”）已经超过15000人，塾生企业的员工人数更是以百万计。稻盛先生所构建的利他哲学，已经成为塾生们共同的信仰。

1985年，稻盛先生为了降低日本国民的通信费用，毅然决然地冒险挑战通信事业巨头。在正式涉足之前，他在长达半年的时间里，反复地扪心自问是否“动机至善，私心了无”。从起点开始，就彻底践行自己的利他哲学。结果，尽管起步时处于绝对的不利地位，甚至一度面临绝境，但就是在利他哲学的信仰和信念的支撑下，稻盛先生创办的DDI后来而居上，最后兼并了另外两家竞争对手，成为日本第二大的通信公司KDDI。稻盛先生说：“在通信领域，我没有知识，没有技术，一无所有。如果我在这个领域内挥动令旗，取得成功，就能证明哲学的威力。仅仅依靠哲学，真的能够成就这么巨大的事业吗？设立DDI，用自己的后半生进行挑战，就是为了证明这一点，证明哲学这个唯一的武器的力量。”事实胜于雄辩，哲学信仰的力量再一次得到

了验证。

2010 年，日本航空宣告破产，应日本政府的再三请求，稻盛先生临危受命，重新出山，着手拯救这家亚洲第一、全球第三的航空公司。稻盛先生当时已年近八旬，对航空业一无所知，而日航又被认为是一家极度官僚化、早已积重难返的企业，有人甚至将其称为“魔鬼的殿堂”。对于日航的重建，社会舆论一片看衰，报纸杂志连篇累牍地报道其负面消息，几乎所有人都认为，重建根本就无法成功，日航必定会二次破产。就是在这种情况下，稻盛先生秉持无私的利他精神，义无反顾，全身心地投入重建工作中。奇迹发生了，仅用了一年时间，日航就从史上最大的亏损泥潭中挣脱而出，创造了史上最高的利润，这个利润还是当年全球航空业的最高利润。而且，即使在日航重新上市，稻盛先生卸任后的今天，其利润仍然在全球航空业界遥遥领先。

稻盛先生说：“日航重建，是我 54 年经营人生的集大成之作。”当仔细观察整个过程，我们就会发现，无论是稻盛先生决定出手拯救日航时所揭示的“三条大义”，还是不从日航领取任何报酬的行为，

抑或是不顾年近八旬的高龄，在重建过程中带病讲课、亲临一线、身先士卒的姿态，以及重建成功后迅速急流勇退的义举，无不是其利他信仰在重建过程中的具体体现。所以，从根本上而言，日航以不可思议的速度和强度得以成功重建的奇迹，完全可以说是一个“信仰的奇迹”。

纵观稻盛先生的一生，从一个平凡的孩子，历经充满失败和挫折的青少年时期，在步入社会后逐步觉醒，成就伟大的事业，成长为全球企业界乃至人类社会的精神领袖。这个过程实际上是一个信仰不断觉醒、不断深入、不断获得实证的过程。保罗·蒂利希说：“信仰作为终极关切，乃是出自整个人格之行为。它发生在个人生活的中心处，囊括了个人生活的全部因素。”前述的稻盛先生的种种成就，以及他创立“京都奖”“大和之家”、支持各种公益慈善事业等种种利他的行为，追根溯源，都是源自他所信仰的利他精神。

稻盛先生通过勤奋的工作和思考，领悟了人生的真理，彻底地改变了自己的人生，同时也对人类社会产生巨大而持久的深远影响。他为当今商业社

会的芸芸众生找到了一条脱俗入圣的光明大道，即通过心怀善念，专注于自己的本职工作，普通人也可以“见道”、“修道”和“证道”。

在当今这个商业社会，每个人都可以通过全力以赴投入工作来感悟人生的真理，获得利他的信仰。

虽然我们身处斗室，从事着平凡的工作，但是，每一个普通人都可以和稻盛先生一样，通过全身心投入眼前的工作，深入自己的内心世界，发现稻盛先生所说的那个“真我”，打开一片全新的天地。通过这种看似艰苦的修行，个人所能获得的不仅是物质上的回报，还有精神上的巨大升华。再进一步说，人为了更崇高的目的摒除自己私利私欲的过程，就是马斯洛所说的“自我超越”的过程，这会带来“高峰体验”，即一种难以言表的、极致的幸福状态。

稻盛先生告诉我们，“工作对人具有崇高的价值和深远的意义。工作具有克制欲望、磨炼心智、塑造人格的功效。工作不仅是为了生存、为了温饱，工作还可以提升心性，磨炼灵魂”。我相信，当我们怀抱利他之心，克服种种困难，心无旁骛，全力

以赴投入工作时，所能收获的不仅是物质的回报，更有精神的升华和信仰的觉醒。

今值此书重新翻译出版之际，感谢东方出版社为此书出版所做的努力，感谢盛和塾的各位同人为实践和推动利他哲学的发展所付出的努力，更要感谢稻盛塾长本人数十年如一日，了无私心的言传身教。衷心祝愿本书的每一位读者，都能从稻盛先生的人生历程中获得启示，从稻盛先生的文字中获得力量，通过全力以赴投入眼前的工作，唤醒自己内心的真我，明心见性，走上利他自利，收获物心双幸福的人生道路。

曹寓刚

2019年7月26日

于上海

图书在版编目（CIP）数据

稻盛和夫自传：小开本 /（日）稻盛和夫 著；曹寓刚 译 .— 北京：东方出版社，2020.8
ISBN 978-7-5207-1181-4

Ⅰ. ①稻… Ⅱ. ①稻… ②曹… Ⅲ. ①稻盛和夫 (Kazuo, Inamori 1932-) —自传 Ⅳ . ① K833.135.38

中国版本图书馆 CIP 数据核字（2020）第 031171 号

稻盛和夫自传（精装版）
（DAOSHENG HEFU ZIZHUAN）

作　　者：[日] 稻盛和夫
译　　者：曹寓刚
审　　译：曹岫云
责任编辑：贺　方
责任审校：凌　寒
出　　版：东方出版社
发　　行：人民东方出版传媒有限公司
地　　址：北京市东城区朝阳门内大街166号
邮　　编：100010
印　　刷：北京文昌阁彩色印刷有限责任公司
版　　次：2020 年 8 月第 1 版
印　　次：2023 年 4月第 8 次印刷
印　　数：44001—49000 册
开　　本：787 毫米 ×1092 毫米　1/32
印　　张：9
字　　数：134 千字
书　　号：ISBN 978-7-5207-1181-4
定　　价：68.00 元
发行电话：（010）85924663　85924644　85924641